GRILLEN

Techniken, Tricks & Rezepte

Sven Dörge

GRILLEN

Techniken, Tricks & Rezepte

südwest°

Inhalt

Zeit zum Grillen

Würde ich einem Assoziationstest unterzogen, käme auf das Stichwort »Grillen« sofort »Barbecue« und anschließend, ohne jegliches Nachdenken und Zögern: »Zeit nehmen«. Dieses Buch widmet sich beidem: Barbecue und Zeit, denn beide gehören untrennbar zusammen.

Wer also der Auffassung ist, dass Geschwindigkeit ein Segen für die Menschheit ist und bei dieser Weltsicht bleiben möchte, nehme dieses Buch möglichst ungelesen, lasse es hübsch einwickeln und schenke es dem vermeintlich »langweiligen« Nachbarn.

Wer dieser Denkweise nicht anhängt oder willens ist, sie zu überdenken, hat einen guten Griff getan. Die Behauptung ist nicht zu hoch gegriffen, dass Barbecue eine philosophische Komponente besitzt. Die Verinnerlichung dessen, was Barbecue bedeutet, kann helfen, ein besserer Mensch zu werden und eine höhere Lebensqualität zu erreichen.

Barbecue braucht Zeit, so wie das Leben. Leben ist lebenswerter, wenn es Muße bekommt, und Fleisch wird schmackhafter, wenn man ihm Zeit gibt. Das klingt nur beim ersten Lesen als an den Haaren herbeigezogen.

Dieses Buch ist mithin kein gewöhnliches Grill-Kochbuch, sondern, augenzwinkernd betrachtet, ein Ratgeber für viele Lebenslagen. Es wendet sich in erster Linie an den Mann, nicht nur weil ich mich naturgemäß am besten in ihn hineinversetzen kann, sondern auch, weil die Arbeit am Grill noch immer zu mehr als 80 % von Männern erledigt wird.

Ich bin fest davon überzeugt, dass sich durch Barbecue Kriege verhindern lassen. Ob sich das Zusammenleben von Männern und Frauen durch die Verinnerlichung der Barbecue-Grundsätze auf eine neue Qualität heben lässt, erfordert jedoch noch weiteres Nachdenken. Auf jeden Fall können sie für sehr angenehme Stunden zwischen Mann und Frau sorgen.

Die interessanten Rezepte werden dem Grillabend ein neues Gesicht und dem »Grillmeister« eine gehörige Portion Anerkennung verschaffen. Denn jeder kann ein Grillmeister sein! Und vielleicht hilft es ja auch, eine der letzten Männerdomänen erfolgreich zu verteidigen, wenn Frau mit neuen, spannenden Gerichten überrascht wird.

In diesem Sinne wünsche ich Guten Appetit!
Sven Dörge

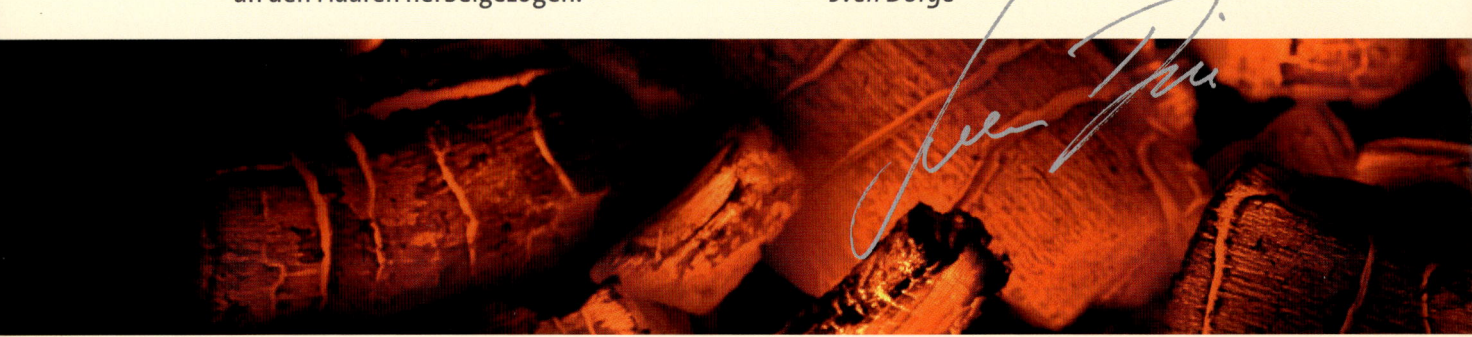

Warenkunde

Grillen oder Barbecue?

Barbecue ist bei uns ein Universalwort, das Grillen, Fleisch und Feiern gleichermaßen meint. Genau genommen sind Grillen und Barbecue aber sehr unterschiedliche Zubereitungsmethoden. Wir sprechen über direktes und indirektes Grillen.

Direktes Grillen

Direktes Grillen ist das, was wir alle kennen: Kohle unten, Fleisch oben, los geht's. Bei dieser Methode erreichen wir Temperaturen zwischen 400 °C und 800 °C, teilweise sogar 1 000 °C. Die Hitze wird dabei ganz unmittelbar – direkt – zugeführt.

Für Steak und Bratwurst ist diese Methode durchaus in Ordnung. Aber hier enden die Möglichkeiten des direkten Grillens auch schon. Der wertvolle Fleischsaft explodiert bei solchen Temperaturen förmlich und schießt aus dem Fleisch. Durch die hohen Temperaturen verbleibt dem Fett zu wenig Zeit, vollständig auszutreten. Was dennoch ausfließt, tropft in die Glut. Dort verbrennt es unter gesundheitsschädlicher Qualmentwicklung oder gar Flammenbildung, was viele dazu verleitet, kostbaren Gerstensaft als Löschmittel zu verschwenden.

Indirektes Grillen

Um uns das köstliche Gebräu zu erhalten und all die unangenehmen Nebenwirkungen auszuschalten, hat der liebe Gott das indirekte Grillen erfunden. Dabei sind Glut und Grillgut nicht mehr unmittelbar miteinander verbunden. Findige Hersteller erfanden dazu nützliche Geräte und Zubehörteile, Puristen hingegen schieben einfach die Glut beiseite.

Beim indirekten Grillen arbeitet man mit Temperaturen zwischen 120 °C und 200 °C, und das braucht Zeit. Es ist also keine Beschäftigung für Zeitgenossen, die meinen, dass jegliches Tun länger als 20 Minuten reine Zeitverschwendung ist.

Barbecue

Barbecue ist indirektes Grillen mit noch geringeren Temperaturen. 100 °C bis 150 °C sind hier angesagt und natürlich noch mehr Zeit. Beim Smoken liegen die Temperaturen gar zwischen 80 °C und 120 °C. Oft haben Barbecuegrills einen Deckel oder eine Haube. Diese schützen unser Grillgut nicht nur vor neugierigen Blicken des Nachbarn, sondern erzeugen vor allem eine zusätzliche Oberhitze. Sie ist wichtig für größere Fleischstücke und gefülltes Gemüse. Selbst Brot und Pizza kann man im Haubengrill backen.

Der Erdanziehung folgend, tropft das Fett beim indirekten Grillen natürlich auch nach unten. Dort ist jedoch Platz für ein wassergefülltes Schälchen, in dem das Fett aufgefangen und neutralisiert wird, ohne zu verbrennen. Das Wichtigste ist jedoch, dass dem Fett so viel Zeit bleibt, um am Ende weitgehend auszutreten und auf dem Weg ins Schälchen seinen Geschmack abzugeben.

Die Kerntemperatur, also die Temperatur im Innern des Fleisches an seiner dicksten Stelle, steigt beim

Barbecue nur ganz allmählich an, was dazu führt, dass der Saft nahezu vollständig im Fleisch verbleibt. Durch die allmähliche Temperaturerhöhung setzen zudem recht komplizierte Umwandlungsprozesse in der Gewebestruktur des Fleisches ein, in dessen Ergebnis sich die Fasern voneinander lösen und ein unglaublich zartes Fleisch entsteht. Zahnstocher ade! So zubereitetes Fleisch ist eine Offenbarung.

Die Kruste auf dem Fleisch wird beim Barbecue nicht so kross wie beim direkten Grillen. Um dennoch die typischen Röstaromen zu erhalten, kann man das Fleisch zu Beginn oder zum Abschluss noch einmal direkt über die Glut legen. Wenn dabei die Flammen hochschlagen, macht das gar nichts, eher im Gegenteil.

Da Pünktlichkeit heutzutage keine Tugend mehr ist, steht der Grillmeister zur verabredeten Zeit mitunter allein da. Bei einem Catering ist mir das jüngst passiert: Von den 80 angekündigten Gästen war zur verabredeten Uhrzeit nicht einer da. Hat man dann schon die Steaks über dem direkten Feuer, ist alles zu spät. Hat der Grillmeister jedoch sein Fleisch im Barbecuegrill, können die Gäste kommen, wann sie wollen, lieber später als früher. Denn ist die gewünschte Kerntemperatur erst einmal erreicht, kann das Fleisch stundenlang ohne Qualitätsverlust verzehrbereit warm gehalten werden.

So betrachtet ist Barbecue doch etwas für den modernen Menschen.

Kleine Gerätekunde

Rund 80 % der Deutschen grillen am liebsten auf oder mit Holzkohle. Viele schwören vor allem deshalb auf den schwarzen Stoff, weil er so ein tolles Aroma abgeben soll. Der Glaube versetzt ja bekanntlich Berge. Deshalb bitte ich schon vorab um Verzeihung, wenn ich gleich zu Anfang für die Zerstörung einer Illusion sorge.

Knallharte Fakten zum Holzkohlegrill

Wenn wir es nüchtern und wissenschaftlich betrachten, besteht Holzkohle im Wesentlichen nur noch aus Kohlenstoff. Der verbrennt schlicht und ergreifend zu Kohlenstoffdioxid, das sicher keinen Geschmack abzugeben vermag. Das war's, adieu schöne Illusion.

Aber Holzkohle hat dennoch etwas: Einen emotionalen Faktor, und der schlägt letztlich alles! Dieser Faktor erinnert uns an das Gefühl, als wir den Hirsch niedergerungen, erlegt und vor der Höhle geröstet haben. Männer, pflegt diese Urinstinkte, schön, dass wir sie noch besitzen!

Beste Gründe für einen Gasgrill

Dieses Höhlengefühl kann uns ein Gasgrill, und sei er noch so schön und teuer, natürlich nicht geben. Ein Gasgrill geht sofort an, ist sauber, temperaturgenau zu regeln und qualmt nicht. Insofern ist der Gasgrill das ideale Gerät für den Balkon, das Reihenhaus mit 6-Meter-Gartenbreite oder für Zeitgeplagte. Gasgrills sind in allen Größen und Komfortstufen erhältlich, so dass jeder sein Gerät für den schnellen, komfortablen Grillgenuss finden wird.

Gute Argumente für einen Elektrogrill

Gleiches trifft im Grunde auch für den Elektrogrill zu, wobei dessen Begrenztheit in seiner Größe liegt. Die größten Geräte auf dem Markt versorgen bis zu sechs Gäste gleichzeitig, ziehen dabei aber schon 2 700 Watt. Würde man einen Elektrogrill bauen, der auch 30 Gäste satt machen kann, bräuchten wir einen Kraftstromanschluss. Deshalb gibt es ihn auch nicht. Die Temperatur eines Elektrogrills ist nicht allzu genau regelbar, was sich mit etwas Erfahrung jedoch ausgleichen lässt. Mitunter besitzen Elektrogrills sogar eine Haube, was auch kleine Barbecuegerichte zulässt. Am Strand wird es jedoch etwas schwierig mit dem Elektrogrill, denn Verlängerungsschnüre gibt es meist nur bis 50 Meter Länge.

Kleines Fazit zwischendurch

Jede Geräteart hat also ihre ganz eigenen Vorzüge. Der Holzkohlegrill kommt durch das tatsächliche Feuer dem Ur-Sprung am nächsten, auch wenn die Kohle (Verzeihung!) keinen Geschmack abzugeben vermag. Und dennoch schmeckt es vom Holzkohlegrill anders, was nicht nur Einbildung ist: Es ist das verbrannte Fett, das sich am Grillgut absetzt.

Smoker und andere

Aber wir wollen nicht aufgeben: Es soll richtig rauchig schmecken! Und das ist auch möglich. »Smoker« sind Geräte, die eine separate Feuerbox besitzen, in der richtiges Holz verbrannt wird und aus der lediglich Hitze und Rauch in die Garkammer wandern. Bei Arbeitstemperaturen von 80 °C bis 120 °C braucht der Smoker jedoch entsprechend viel Zeit, die sich aber lohnt. Zusätzlich lassen sich noch angefeuchtete Holzspäne aus Buche oder Hickory aufschütten, die den Raucheffekt verstärken. Anfeuchten kann man die Späne mit schnödem Wasser, aber auch mit Whisky, Obstler oder Gin, das gibt Aroma. Wem der Smoker zu groß oder zu teuer ist, sei gesagt, dass komfortablere Gasgrills eine kleine Smoker-Box für eben diese Späne besitzen.

Am Rande bemerkt: Foliengriller

Es gibt eine Grillfraktion, die sich kaum an das Tageslicht traut, denn sie wird belacht, verspottet und in einem Atemzug mit Schattenparkern und Warmduschern genannt: die Foliengriller. Diesen

Zur Grundausstattung gehört neben einem Grillgerät das richtige Werkzeug. Langstieliges Besteck – Grillzange, Bratschaufel, Grillgabel, Grillpinsel und Fischkorb – sind für schmerzfreies Arbeiten ebenso empfehlenswert wie Grillhandschuhe.

Grillfreunden sei gesagt: Steht auf, kommt heraus und traut euch, denn Fettschalen und Alufolie sind absolut legitim am Grill. Sie dienen dazu, die Unterhitze zu reduzieren und sind ein wertvolles Hilfsmittel. Es gibt am Grill nicht die »reine Lehre« und kein »besser« oder »schlechter«, und wer sich über Alufolie lustig macht, besitzt Lernpotenzial.

Welcher Grill soll es denn sein?

Ratschläge sind immer subjektiv. Sie hängen sehr von den individuellen Ansprüchen und letztlich auch von Emotionen ab. Und Barbecue ist in der Tat ein überaus emotionales Erlebnis. Daher gilt es, seinen ganz persönlichen Grill zu finden, was bei dem Riesenangebot nicht schwer sein dürfte. Für das Angelwochenende mit den Jungs ist der Fünf-Euro-Tankstellengrill nicht nur ausreichend, sondern nahezu optimal: Platz für Kohle, ein Rost für Steak oder Fisch sind vorhanden, und fünf Schrauben bieten Gelegenheit, um den anderen sein handwerkliches Geschick zu demonstrieren. Zudem sind die geringen Investitionskosten geeignet, um den Grill am Ende zu entsorgen, anstatt zu putzen.

Für alle anderen Anlässe ist es egal, welchen Grill man sich zulegt, Hauptsache er ist ausreichend groß und hat eine Haube! Die Größe braucht der Grill, um das indirekte Grillen zelebrieren zu können, die Haube zur Erzeugung der Umluft.

Elektrogrills

Soll es ein Elektrogrill sein, bieten eine Vielzahl von Herstellern ordentliche Geräte mit Haube an. Besonders hervorzuheben sind vielleicht der Steba VG 300, ein nicht nur attraktives, sondern auch in vielen Details gut durchdachtes Standgerät mit vergleichsweise großer Grillfläche und -höhe sowie der Weber Q 140, ein futuristisch aussehendes,

leichtes und praktisches Tischgerät. Weitere Geräte bieten Tefal, Severin, Gastroback, Rommelsbacher und andere Hersteller an.

Die wichtigsten Kriterien für die Kaufentscheidung eines passenden Elektrogrills sollten vor allem sein: stufenlose Temperaturregelung mit Kontrollleuchte, Abdeckung der Heizstäbe gegen Fettbrand und Qualm, Grillfläche mindestes 1 000 Quadratzentimeter, ausreichende Haubenhöhe für größeres Grillgut, herausnehmbare Fettschale sowie gute Reinigungsmöglichkeit.

Gasgrills

Bei Gasgrills hat man eine enorme Auswahl. Ob Kugel- oder Rechteckhaube, ob 600 Quadratzentimeter oder 5 000 Quadratzentimeter Grillfläche, ob 70 Euro oder 7 000 Euro, Designergrill oder funktionelle Bauart – alles ist möglich! Um sich zu entscheiden, sollte man zunächst klären, wie viele Gäste maximal zu begrillen sein werden, wo das Gerät stehen wird und welcher Platz zur Verfügung steht. Ferner, wie wichtig die angebotenen Zusatzfunktionen sind, ob die Optik eine wesentliche Rolle spielt und wie oft das Gerät zum Einsatz kommt.

Bei relativ einfachen Geräten und in der Mittelklasse gibt es erhebliche Unterschiede in Verarbeitung, Komfort, Größe und Optik. Einfachste Geräte sind bereits ab ca. 70 Euro erhältlich.

Eine interessante Technologie bietet Campingaz an. Bei den RBS-Geräten sind zwei senkrecht stehende Keramikbrenner in die Längsseiten des Grills eingelassen, aus denen glühendes Gas austritt. Durch die Senkrechtstellung der Brenner kann das Fett ungehindert in eine Schale am Boden des Geräts tropfen, wo es dann sehr bequem zu entsorgen ist.

Rundum solide gearbeitet, multifunktional einsetzbar, mit harmonischer Temperaturverteilung und mit echter Hingucker-Qualität rangieren bei den

Mittelklasse-Gasgrills die 57-Zentimeter-Kugeln von Outdoorchef weit vorn. Hier sind nicht nur sämtliche Barbecuegerichte möglich, sondern auch Brot, Pizza, Muffins, Paella und echte Wokgerichte. Geräte dieser Bauart kosten ab 350 Euro aufwärts.

Alle Geräte, die deutlich größer sind, kosten ordentlich Geld. Weber, Grand Hall, Napoleon und andere Hersteller bieten in diesem Segment Geräte zwischen 1 000 und 2 500 Euro an, und die sind es zumeist auch wert, vorausgesetzt, man arbeitet auch wirklich viel damit.

Kohlegrills

Am größten ist die Auswahl wohl bei Kohlegrills. Für unsere Zwecke beim Catering gilt vor allem: Groß soll er sein, solide verarbeitet und eine Haube besitzen. Alles andere bestimmen der Geldbeutel und das ästhetische Empfinden.

Landmann bietet eine Unmenge von preiswerten und einfachen Grills an, die teilweise auch eine Haube besitzen. Darüber hinaus befinden sich auch Smoker und Räucheröfen im Programm.

Da ich mit meinen Geräten viel unterwegs bin und ständig vor Publikum arbeite, liegt mein Augenmerk neben technischen Details auch auf der Stabilität. Die Kugelgrills von Outdoorchef erfüllen diese Ansprüche hervorragend. Zudem ermöglicht die Trichtertechnologie indirektes Grillen auf dem gesamten Rost.

Grundsolide und sehr variable Geräte bietet beispielsweise Thüros an. Den Produkten der Thüringer Grillschmiede merkt man an, dass die beiden Joint-Venture-Tüftler Kaufmann und Techniker sind. Die Säulengrills besitzen keinen großen Anspruch an die Optik, funktionieren jedoch hervorragend. Für alle Geräte gibt es eine Unmenge an Ergänzungen und nützlichem Zubehör, das auch untereinander austauschbar ist.

Einen Männertraum erfüllt Weber mit dem Ranch Kettle. Dieser nahezu unverwüstliche Kugelgrill mit einem Meter Durchmesser wäre einfach zu schade, um damit nur Steaks zu grillen. Vielmehr ermöglicht er richtig große Barbecuegerichte bis hin zu Truthahn und Spanferkel. Auch die kleineren Kugeln (57 Zentimeter und 67 Zentimeter) von Weber spielen in der Premium-Klasse. Hervorzuheben wäre u. a. der Performer Touch-N-Go, mit Gaszündsystem, Kohlevorratsbehälter und Arbeitsfläche.

Lavasteine, Kohle und Briketts

Vor dem Kauf eines Grillgerätes sollte man auch wissen, welche Substrate bei den jeweiligen Geräten zum Einsatz kommen.

Lavasteine

Lavasteine in Gasgrills sollen in einer Lage über den Brennern liegen und verhindern, dass Flammen und Fett Kontakt bekommen. Zudem nehmen sie die Brennerwärme auf und strahlen diese gleichmäßig in den Grillraum ab, so dass ein indirektes Grillen ermöglicht wird. Es gibt recht poröse Natursteine und gesinterte Keramiksteine. Die Naturlava saugt Fett und Bratensaft recht ordentlich weg, die Keramiksteine lassen sich durch ihre ebenmäßige Form sehr gleichmäßig auslegen. Lavasteine bedürfen jedoch der Pflege. Nach jedem Einsatz muss bei höchster Brennerstufe das Fett ausgebrannt werden, und nach 15 bis 20 Einsätzen müssen die Steine ersetzt werden.

Holzkohle

Schwarz ist der Stoff, aus dem unsere Grillträume bestehen. Holzkohle wächst jedoch nicht von selbst im Wald. Früher saß ein Mann drei Wochen lang vor einem Kohlenmeiler: innen schwelendes Buchen- oder Eichenholz, außen eine Luft abschottende Erdaufschüttung. Er hatte nach dem Aufbau des Meilers nichts weiter zu tun, als das Schwelfeuer zu pflegen und den Meiler nach drei Wochen zu ernten, um danach einen neuen aufzubauen. Das klingt romantisch (und sieht auch so aus!), war jedoch eine knochenharte und gesundheitsschädliche Arbeit.

Heute ist die Kohleherstellung weniger romantisch: Holzkohle wird nun in riesigen Öfen oder Tanks hergestellt und vollelektronisch überwacht. Das Ergebnis ist ein deutlich höherer Reinheitsgrad der Kohle und eine wesentlich höhere Produktivität. Zudem werden nun auch die entweichenden Nebenprodukte wie Teer und Holzessig aufgefangen und weiterverarbeitet. Gute Kohle wird meistens aus hartem Laubholz hergestellt, das unter Luftabschluss verkohlt und am Ende fast nur noch aus Kohlenstoff besteht. Holzkohle brennt nicht mehr, weil alle flüchtigen Gase bei der Verkohlung bereits entwichen sind.

Holzkohle wird zumeist in undurchsichtigen Säcken verkauft und trägt bei guter Ware die typischen DIN-und TÜV-Siegel, eine Registraturnummer und einen Hinweis auf das verwendete Holz. Steht lediglich eine Vertriebsadresse darauf, kann man die Güte des Inhalts ohne Nachschauen nicht einschätzen.

Gute Kohle erkennt man an:

▸ einer leicht glänzenden Färbung
▸ einem metallischen Klang
▸ einer gleichmäßigen Stückgröße
▸ einem geringen Staubanteil

Treffen diese Aussagen zu, brennt die Kohle schnell an, hält lange ihre Glut und erzeugt einen gleichmäßigen Abbrand ohne Schadstoffe, sofern wir vom Kohlendioxid einmal absehen.

Briketts

Briketts bestehen zumeist aus Kohlestaub, der mit organischer Stärke gebunden und gepresst wird. Die höhere Dichte der Briketts hat zur Folge, dass sie schwerer an-, dafür aber länger abbrennen und zudem eine etwas höhere Temperatur erreichen als Holzkohle. Optimal ist es daher oft, eine Mischung aus Kohle und Briketts im Grill abzubrennen, um die Vorzüge beider zu vereinen.

Ich habe diverse Kohle- und Brikettsorten getestet. Als uneingeschränkt beste haben sich für mich die von Profagus erwiesen, denn sie vereinen alle von mir favorisierten Kriterien. Kohlen und Briketts von Profagus brennen schnell an, gleichmäßig ab und halten die Glut überdurchschnittlich lange.

Die Tropen, auch das sei noch erwähnt, bescheren uns nicht nur traumhafte Urlaubsfotos, mit denen

Vorteilhaft ist eine Mischung von Holzkohle und Briketts. Die Kohle brennt schnell an, die Briketts halten lange die Glut.

wir unsere Nachbarn und Kollegen neidisch machen können, sondern auch interessante Brennstoffe für unseren Grill. Kokosbriketts etwa werden aus verkohlten und mit Stärke gepressten Kokosnuss-schalen hergestellt. Sie brennen sehr lange, sehr gut und für die Gewinnung der Kokosschalen mussten nicht einmal Bäume gefällt werden, denn die Schalen sind ohnehin ein Abfallprodukt. Auch Holzkohle aus tropischen Regenwaldhölzern brennt sehr gut und lange, doch wem der Schutz des Regenwaldes am Herzen liegt, verzichtet darauf.

Anzünden

Die Inbetriebnahme eines Elektrogrills ist auch für den modernen Menschen recht unkompliziert möglich. Wir erinnern uns daran, wie Fernsehgerät oder Staubsauger funktionieren, und dann sollte es gehen: Stecker rein, Temperatur einstellen und los.

Beim Gasgrill wird es schon etwas heikler. Gasfla-sche und Gerät müssen miteinander verbunden werden. Der dazu verwendete Schlauch ist zum Glück auf der einen Seite bereits werkseitig am Gerät befestigt. Das andere Ende muss jedoch an die Gasflasche, was zu erkennen nicht ganz so kompli-ziert ist. Das Linksgewinde am Gasregler sorgt mitunter schon für Wutausbrüche. Im Notfall werden die Gattin oder das Internet allerdings helfen, und so wäre auch dieses Gerät betriebsbereit.

Über das Anbrennen eines Holzkohlegrills lassen sich jedoch dicke Bücher und soziologische Abhand-lungen schreiben, denn es gibt in den Trickkisten der Millionen Grillmeister unzählige Geheimrezepte und Hilfsmittel. Manche denken, dass der Einsatz von Spiritus oder Benzin sehr männlich und imponierend ist. Die dabei entstehenden Stichflammen erinnern an den Vorspann von Actionserien wie »Cobra 11« und die Kollateralschäden an Mann und Gerät gehören halt dazu. Jungs, auch wenn es nur halb so

männlich daher kommt: Spiritus und Benzin sind ziemlich unsinnig am Grill. Entweder man arbeitet mit so geringen Mengen, dass das Anzünden halbwegs sicher bleibt; dann geht aber die Kohle nicht an, denn die Flüssigkeiten (oder besser gesagt deren Gase) verbrennen allzu schnell. Oder aber man müsste so viel davon verwenden, dass es zu explosi-onsartigen Stichflammen kommt, was wiederum zu schweren Verbrennungen führen kann.

Gasbrenner

Mein Favorit zum Anzünden ist der Gasbrenner. Gas arbeitet schnell, sauber und sicher. Vor allem brennt mein Grill dort an, wo ich es will: entweder flächen-deckend oder, wenn es sein muss, nur in einer Ecke. Gasbrenner findet man im Baumarkt beim Lötzube-hör (kleine Variante) oder beim Dachdeckerzubehör (männermäßige Variante). Beide Brennerarten können mit einer Propangasflasche betrieben werden, die kleineren Lötbrenner jedoch auch mit einer Gaskartusche.

Anzündwürfel & Co.

Anzündwürfel für den Grill oder Kamin, ob weiß oder braun, sowie flüssige Anzünder bestehen aus Chemie und brauchen lange, um diese zu verbren-nen (worauf man in jedem Fall achten sollte). Würfel schaffen zudem nur punktuelle Brandherde. Flüssige Anzünder werden aus der Flasche flächendeckend über die Kohle gespritzt, feste Anzündwürfel legt man an mehreren Stellen unter die erste Kohle-schicht. Beide funktionieren recht ordentlich, aber sie gehören nicht zu meinen Favoriten, weil sie beim Abbrennen eine ganze Weile stinken und qualmen. Anzündwürfel sind jedoch bestens geeignet, um ein sehr sinnreiches Hilfsmittel zu entfachen: den Anzündkamin. Bereits mein Opa Eugen kannte das

Anzündhilfen für Holzkohlegrills unterstützen den Anzündprozess, indem sie Glutzentren bilden. Wichtig ist, dass die verwendeten Mittel vollständig verbrennen, bevor man das Grillgut auf den Grillrost legt.

Prinzip: Er durchlöcherte große Blechdosen, die er dann mit Tannenzapfen befüllte. Der Anzündkamin von heute sieht nicht viel anders aus, ist jedoch etwas komfortabler. Die Blechdose hat nun einen kleinen Gitterboden im unteren Drittel und einen Henkel mit Hitzeschild. In diesen Anzündkamin schüttet man Kohle oder Briketts, und darunter legt man einen Anzündwürfel. Nach spätestens 15 Minuten ist der ganze Eimer durchglüht und kann in den Grill geschüttet werden.

Kreativität kennt keine Grenzen

Elektrische Anzündhilfen, ob als Heizschlange oder in Fönform, sind eine saubere und durchaus gut funktionierende Gerätschaft, sofern sich eine Steckdose in der Nähe befindet.

Auf eine ganz andere Methode schwor mein Freund Hans Fuchs. Der Eierkarton besteht aus reiner Pappe und gewährleistet durch seine Wabenform eine gute Luftzirkulation. Sein Einsatz ist denkbar einfach: Eierkarton in den Grill, Kohle einschütten, an vier Ecken anzünden und warten. Das funktioniert. Man sollte nur seinen Eierverbrauch der Grillhäufigkeit anpassen. Soweit die sachlichen Erklärungen. Das Anzünden macht so aber nicht jedem Spaß: Man hat nichts zu erzählen und wirkt langweilig, was gesellschaftlichen Ausschluss nach sich ziehen kann. Aus diesem Grund machen einige Menschen aus dem Anzündvorgang eine kleine Wissenschaft, die niemand versteht, aber jeder bewundert. Gut so, treibt euren Kult!

Dennoch: Auf Fön, Staubsauger, Ventilatoren, Wedelbleche und -pappen oder Hineinblasen, bis der Kopf tomatenrot glüht, kann man getrost verzichten, denn meiner Erfahrung nach geht jeder Grill früher oder später von allein an. Zeit muss man halt haben, nicht nur für das Steak.

Gut zu wissen: Sicherheit

Meine Devise lautet: Grillen ist so gefährlich wie Briefmarkensammeln, wenn man einige wenige Grundregeln beachtet. Aber an dieser Stelle werde sogar ich ernst, denn jedes Jahr geschehen rund 4 000 Grillunfälle mit teilweise schwersten Verbrennungen bis hin zu Todesfällen. Nicht einer dieser Unfälle müsste geschehen, wenn alle der unten aufgelisteten Grundsätze beherzigt worden wären.

Um auf die juristischen Aspekte überzuleiten noch folgender Hinweis: Sofern im Schadensfall grob fahrlässiges Verhalten nachzuweisen ist, erlischt der Versicherungsschutz!

Gut zu wissen: Recht

Das Klagen ist ja zu einem beliebten Volkssport geworden. Das ist auch gut so, denn Tausende Anwälte und Richter wären sonst arbeitslos. Ob das jämmerliche Gezeter um überhängende Äste, Hundekot am Zaun oder lästige Grillgerüche zu einer Umsatzsteigerung bei Alkohol unter Juristen geführt hat, wurde noch nicht untersucht. Aber auch das würde Arbeitsplätze sichern. Klagen macht also Sinn. Früher hat das der Dorfälteste erledigt.

Den Hauptanlass für gerichtliche Verfahren bilden Grillgerüche und die Häufigkeit des Grillens. Da noch kein entsprechendes Grillgesetz existiert, ist es unmöglich, pauschal zu sagen, was erlaubt ist und was nicht. Deutsche Richter entscheiden jeden Fall einzeln, stets nach eigenem Ermessen und immer geht es darum: Was ist eine unzumutbare Belästigung? Wenn ich von April bis Oktober fünfmal pro Woche so grille, als stünde der Schuppen in Flammen und der Wind trägt diesen Rauch regelmäßig in das Schlafzimmer meines Nachbarn, habe ich es nicht besser verdient. Solche Ignoranz kann und soll dann

Sicherheit zuerst!

- Benzin und Spiritus sind tabu, weder zum An- noch zum Nachzünden.
- Lass dir Zeit!
- Achte schon beim Kauf darauf, dass der Grill stabil ist und keine scharfen Kanten hat.
- Achte auf einen sicheren Stand des Grills.
- Achte darauf, dass Untergrund und Umgebung nicht brennbar sind.
- Brennende Holzkohlegrills gehören nicht in die Garage und in den Schuppen.
- Stell den Grill nicht unter einem Schirm auf, es wäre nicht der erste Schirm, der durch Funkenflug Feuer fängt.
- Behalte den Grill immer im Auge.
- Beachte, dass Wind Funkenflug verursachen kann, und die Glut in der Umgebung Brände verursachen oder ins Auge geraten kann.
- Transportiere den Grill möglichst nicht, wenn er in Betrieb ist.
- Achte auf die Kinder! Die Augenhöhe der Kinder liegt ungefähr in Höhe der Glutschale, Fett- und Glutspritzer können vor allem bei den Kleinen zu Verbrennungen führen.
- Ballspiele, trunkene Gäste und Haustiere in Grillnähe sind gefährlich.
- Lösche nie mit Wasser.
- Entsorge die Glut erst, wenn sie tatsächlich erkaltet ist.

auch bestraft werden. Sollte die Hausordnung das Grillen grundsätzlich verbieten, kann man natürlich auch den Vermieter durch alle Instanzen verklagen. Möglicherweise ist dieser Weg ja sogar erfolgreich, aber bis dahin ist die Grillsaison vorbei. Klüger scheint mir in dem Fall, seine sieben Grillsachen zu packen und an den nächsten Baggersee zu fahren. Oder umzuziehen.

Aber ehe ich mir von einem Richter sagen lasse, was ich darf und was nicht, schaue ich einfach nach der Windrichtung und richte mich darauf ein. Zudem könnte es ja auch sein, dass der Richter kein Fleisch mag. Mitunter lade ich meinen Nachbarn zum Grillen ein, denn gemeinsames Essen ist immer friedensstiftend. Zudem – und das ist vielleicht der beste Tipp – um einer Klage zu entgehen, arbeite ich auf dem Barbecuegrill, denn dabei raucht und riecht fast gar nichts.

Gut zu wissen: Hygiene

Heutzutage verfügen wir über ein ganzes Waffenarsenal gegen Schmutz, Keime, Pilze, Bakterien und Viren. Mütter rennen ihren Kindern mit der Sagrotanflasche hinterher und wischen alles mit Bakterienkillern ab. Das ist nicht nur unnötig, sondern auch schädlich, denn permanente Desinfektion zerstört die für unser Leben nützlichen Mikroorganismen, sie führt zu Resistenzen und schwächt das menschliche Immunsystem, da es ohne Bakterien nicht ausreichend angeregt wird. Außerdem haben aggressive Putzmittel auch im Abwasser nichts verloren.

Vor einigen Jahren habe ich eine Anzeige erhalten, weil einer meiner Mitarbeiter am Grill ein schwarzes Hemd trug, in der Lebensmittelhygieneverordnung jedoch helle Kleidung vorgeschrieben ist. Natürlich habe ich die Klage gewonnen, aber man sieht daran, wie hysterisch mitunter auf das Thema reagiert wird.

Hygienehinweise

Aber um eins klarzustellen: Sauberkeit und Hygiene sind beim Grillen sehr wichtig! Nur muss man das Thema mit Augenmaß und vor allem mit Verstand handhaben. Man muss wissen, dass Hackfleisch durch seine hundertfach vergrößerte Oberfläche deutlich anfälliger ist und deshalb eines aufmerksameren Umgangs bedarf. Man muss wissen, dass Fisch, Wild und Geflügel anfälliger für Salmonellen sind und man nicht nur deren Kühlung besonders ernst nehmen sollte, sondern auch die Erreichung der richtigen Kerntemperatur.

Man sollte zudem wissen, dass Fleisch, Fisch und Geflügel getrennt gelagert und zubereitet werden, dass überschüssige Flüssigkeit auf rohem Fleisch abgewaschen und entfernt werden muss und dass die Wischlappen in kurzen Zeitabständen durch frische ersetzt werden sollen.

Wenn ich das heiße Entrecote vom Grill geschnitten habe und mich nun den Ribs zuwende, werde ich das Messer vermutlich nicht einmal abwischen. Wenn ich jedoch meine frische Hähnchenbrust oder den Red Snapper geschnitten habe und nun an das Gemüse gehe, wechsle ich nicht nur das Messer, sondern auch das Schneidebrett, und zudem wische ich das Umfeld gründlich sauber. Das versteht sich von selbst.

Gleichermaßen verhält es sich mit dem Grillrost. Natürlich sollen die Reste des letzen Grillabends entfernt werden, keine Diskussion, denn das ist schon eine Frage des guten Geschmacks. Aber der Rost muss nicht geschrubbt werden, als käme er frisch aus der Verpackung, schließlich ist er dauerhaften Temperaturen von mehreren Hundert Grad ausgesetzt.

Also: Strenge Sauberkeit und Hygiene dort, wo sie definitiv hingehören, und lockerer Umgang dort, wo wir ihn uns erlauben dürfen. So betrachtet bleiben alle hübsch entspannt und trotzdem gesund.

Was kommt auf den Grill?

Ist der Grill erst einmal heiß, kann es richtig losgehen. Doch was kann man grillen? Kurzum: alles! Man kann ja auch alles kochen. Warum wir in der Küche so kreativ und am Grill meist so einfältig sind, ist mir noch nicht aufgegangen, aber es ist so. Wir reisen um die ganze Welt, bringen uns die ausgefallensten Kochrezepte und Anregungen für die Küche mit, aber auf dem Grill landen in der Regel Steak und Bratwurst. Dabei bietet ein Grill vielfältige Möglichkeiten, um kulinarisch kreativ zu sein. Abwechslung auf dem Grill kann auch in Form der Zubereitung erfolgen. Warum nicht einmal bunte Spieße mit Zutaten, die man bislang noch nicht kombiniert hat, gegrillte Früchte aus der halben Ananasschale oder ein Ragout aus dem gehöhlten Kürbis? Niemand steht unserer Fantasie im Weg, außer wir selbst!

Fleisch

»Sind dir Gesundheit und Genuss wichtig, kaufe qualitätsbewusst!« Gutes Fleisch erkennt man zunächst an der Farbe. Es sollte je nach Sorte zartrosa bis kräftig-rot, frisch, gesund und natürlich aussehen. Man kann nicht hineinsehen in das Fleisch, also verlasse dich beim Kauf auch auf dein Gefühl. Im Gespräch mit dem Metzger spürt man, ob er das Fleisch liebt oder nur verkauft. Gute Indizien für Qualität können zudem ein guter Umsatz und eine liebevoll gestaltete Theke sein. Wenn Fleisch blass und trocken aussieht oder schon in der Theke saftet und blutet, sind das keine guten Zeichen.

Der Geschmacksträger Fett

Fett ist nichts Schlechtes. Es ist Geschmacksträger und hält das Fleisch beim Garen saftig. Wenn es stört, lässt man es auf dem Grill wegbrutzeln oder schneidet es nach dem Grillen weg.

Da hier vor allem von Barbecue die Rede ist und somit von längeren Garzeiten, ist es angeraten, Fleisch mit einer ordentlichen und gleichmäßigen Fettmarmorierung zu wählen. Nahezu fettfreies Fleisch wird dabei recht schnell trocken. Wenn man nicht direkt grillt, sondern die Barbecuemethode anwendet, liegt das Fleisch durchaus eine oder gar mehrere Stunden auf dem Grill. Dabei hat das Fett genügend Zeit, allmählich auszutreten, das Fleisch dabei saftig zu halten und Geschmack abzugeben. Dies gilt nicht für kurze Garzeiten, bei denen diese Zeit nicht gegeben ist.

Fettränder schneidet man vor dem Grillen etwas ein, damit sich das Fleisch nicht wellt und gleichmäßig auf dem Rost liegen kann.

Der richtige Umgang mit Fleisch

»Wende dein Fleisch nicht 20 Mal hin und her!« Wozu soll das gut sein? Dabei bekommst du eher eine Sehnenscheidenentzündung als gutes Fleisch. In der Regel genügt einmaliges Wenden, nachdem an der Oberseite Fleischsaft ausgetreten ist.

Nach dem Grillen braucht das Fleisch immer etwas Ruhe. Die Fleischsäfte benötigen etwas Zeit für den Druckausgleich und um sich gleichmäßig zu verteilen. Dazu das Fleisch in Aluminiumfolie einwickeln und an einen warmen Ort legen. Bedenke jedoch, dass das Fleisch in dieser Zeit noch etwas nachgart.

Wann das Fleisch soweit ist, erkennt man bei Scheibenware recht einfach durch Drücken mit dem Daumen oder dem Wender. Wenn es leicht elastisch federt, ist es »medium«, so wie die meisten es am liebsten mögen. Keine Angst, in diesem Zustand gibt das Fleisch nach dem Anschnitt durchaus noch rote Flüssigkeit ab: Dabei handelt es sich jedoch nicht um Blut, sondern um reinen Fleischsaft. Gibt es zu sehr nach, ist es »saignant« oder »rare«, also innen noch sehr blutig. Im Endstadium gibt das Fleisch beim Drücken nicht mehr nach, dann ist es vollkommen durchgebraten oder »well done« und innen nicht mehr rosa.

Schwein, Wild und Geflügel sollte stets etwas mehr durchgegart sein als Rind oder Lamm.

Bei kompakteren Fleischstücken wird die Druckmethode nicht mehr funktionieren. Hier hilft ein Bratenthermometer, das man in die dickste Stelle des Fleisches sticht, um dort die Kerntemperatur zu messen. Es gibt einfache Modelle für ganz kleines Geld. Wer es gern technisch und komfortabel mag, dem seien funkgesteuerte Geräte mit Zielwertangabe empfohlen: Temperaturfühler mit Funksender im Fleisch einstechen und den Empfänger in die Brusttasche stecken. So kann man getrost die Bundesliga anschauen, ohne dass am Grill etwas schiefgeht, denn ist die gewünschte und vorher programmierte Kerntemperatur erreicht, wird man über Funk alarmiert. Als Richtwerte gelten: Rind 60 °C, Schwein 70 °C, Geflügel 80 °C und Wild 80 °C.

Die Fleischarten

Welches Fleisch letztendlich auf den Grill gelegt wird, hängt vom eigenen Geschmack und dem verfügbaren Angebot ab.

Schwein

Deutscher Grillstandard ist das Nackensteak. Und dagegen ist auch nichts einzuwenden. Kürzlich ist es mir sogar gelungen, einen rindverwöhnten Argentinier mit einem Nackensteak zu begeistern.

Schwein kann nahezu schlachtfrisch gegrillt werden, ist preiswert, anspruchslos und trotz des recht hohen Fettanteils relativ geschmacksarm. Deshalb wird es meist auch kräftig mariniert. Nackenscheiben und Filets eignen sich gut zum direkten und indirekten Grillen, Schulter, Rippen, Hüfte, Kotelett und ganze Kammstücke dagegen besser für stundenlanges Barbecue.

Europas glücklichste Schweine leben in Spanien und sind bei uns als »Pata negra« bekannt. Frei und nahezu wild laufen oder liegen sie unter den Korkeichen des iberischen Hochlandes herum und freuen sich des Lebens, bis das irdische Schicksal zuschlägt. Saftig ist ihr Fleisch, sehr aromatisch und nussig, denn sie haben sich fast ausschließlich von Eicheln ernährt. Das Fett ist fein verteilt und enthält ungesättigte Fettsäuren. Mit diesem Fleisch muss man nichts weiter tun, als den Grill adeln, und keine Marinade der Welt würde an diesem Fleisch etwas verbessern können.

Rind

Ein ähnlich glückliches Leben führen südamerikanische Rinder, vor allem die argentinischen. Sie danken es den Menschen mit einem kräftigen, unverwechselbaren Eigengeschmack, der maximal noch Salz und Pfeffer vor dem Verzehr benötigt.

Rind sollte vor der Zubereitung etwa vier Wochen abgehangen sein. Bei südamerikanischem Fleisch ist das in der Regel der Fall, denn zum fachgerechten Transport wird die Schiffspassage genutzt. Auf Tiefkühlware sollte man möglichst nicht zurückgreifen, denn die Eiskristalle im Fleischinnern können die

Faserstruktur beschädigen. Falls man nicht darauf verzichten kann, sollte man das Fleisch allmählich auf Zimmertemperatur bringen, bevor man es auf den Grill legt.

Rumpsteak, Entrecote, Filet und T-Bone sind sowohl für das direkte wie auch das indirekte Grillen geeignet. Einige Teile des Rindes, wie Oberschale, Brust, Bug und Blume, eignen sich nicht zum direkten Grillen, gelingen jedoch auf dem Barbecuegrill hervorragend.

Wenn man nicht darauf vertrauen mag, dass Rind auch pur ausgezeichnet schmeckt, kann man natürlich marinieren. Die beste Wirkung entsteht dann auf dem Barbecuegrill, wenn man das Fleisch zuvor mit Trockengewürzmischungen, sogenannten Dry Rubs, eingerieben hat. Gute Mischungen bestehen aus Knoblauch, Senfkörnern, Koriander, Kreuzkümmel, Pfeffer, Chili- und Paprikapulver.

Lamm

Das Lamm ist etwas ganz Besonderes. Es ist von religiöser Bedeutung, Sympathieträger, Zeichen der Friedfertigkeit, und wird weltweit gern gegessen. Es enthält wie alle Fleischarten viele Vitamine, Mineralstoffe und natürlich wertvolles Eiweiß. Lammfleisch ist sehr zart und würzig und braucht, wenn überhaupt, nur etwas Pfeffer, Knoblauch, Bärlauch, Salz oder Rosmarin nach dem Grillen, um den eigenen Geschmack zu unterstreichen. Wer dennoch richtig marinieren mag, sollte dazu Joghurt, Öl, Minze, Tomaten, Zwiebel, Petersilie, Zitrone, Koriander, Kardamom und die zuvor genannten Gewürze verwenden.

Ganze Tiere, Keule, Rücken und Schulter eignen sich besonders für die Barbecuemethode, Koteletts hingegen eher für direktes oder indirektes Grillen. Auch aus Keule, Rücken und Schulter lassen sich beste Stücke für das direkte Grillen schneiden.

Innereien

Innereien sind heutzutage etwas Ungewöhnliches auf dem Grill. Früher waren sie ein alltägliches Lebensmittel, doch nun sind sie, warum auch immer, etwas in den Hintergrund geraten. Dabei sind Innereien äußerst delikat und gehaltvoll. Herz, Leber und Nieren sind von feinster Konsistenz. Da sie jedoch kaum eigenes Fett besitzen, ist etwas Augenmerk geboten. Die Fleischstücke sollten nicht viel stärker als 2 Zentimeter sein. Um das Austrocknen zu verhindern, sollte etwas Öl aufgestrichen werden. Alternativ können die Fleischstücke auch bardiert, also mit frischem Speck ummantelt werden. Die Garzeit beträgt in der Regel nur wenige Minuten.

Innereien können separat gegrillt, als Bestandteil von Spießen oder als Ragout verwendet werden.

Hackfleisch

Hackfleisch dagegen hat schon lange seinen Platz auf dem Grill gefunden. Hackfleisch ist ein universelles Barbecue-Lebensmittel, das von Asien über Südosteuropa und den arabischen Raum bis nach Nordamerika beliebt ist, sogar als Füllung für Gemüse. Meist werden flache Scheiben, Röllchen, Bällchen oder Spieße daraus geformt, die Burger, Cevapcici, Köfte oder Kebab heißen. Für die Spieße wird deftig gewürztes Hackfleisch um eine Achse herum geformt und dann gegrillt. Damit die Masse gut haftet, sollte Hackfleisch ausdauernd geknetet werden. Flache, breite Spieße tragen ebenfalls dazu bei, dass die Hackmasse kleben bleibt. Hilfreich ist auch kurzes Anfrieren der fertig geformten Spieße. Nach dem ersten Kontakt mit dem Grill verbindet sich die Masse dann zunehmend von selbst. Meist ist die Verbindung so stark, dass die Masse nur schwer wieder vom Spieß zu lösen ist. Ein türkischer Gast, den ich während eines Caterings kennengelernt habe, zeigte mir, wie er das Problem löst, ohne dass

Ob ein ganzes Huhn, Truthahnbrust, Rippchen, Würste oder Schweine-medaillons – dem Grillvergnügen sind keine Grenzen gesetzt. Besonders aromatisch und saftig werden magere Stücke, wenn sie zuvor in Früh-stücksspeck (engl. Bacon) eingewickelt werden.

die Tischnachbarn Schaden nehmen: Mit einem eingeschnittenen Stück Fladenbrot wird das gegrillte Hackfleisch umfasst und abgezogen. Ganz einfach.

Sehr wichtig: Hackfleisch muss stets kühl gehalten werden, denn die durch das Verarbeiten extrem vergrößerte Oberfläche bietet Keimen wesentlich mehr Angriffsfläche als ein gewachsenes Fleisch-stück. Diesen Aspekt sollte man nie unterschätzen! Hackfleisch sollte zudem immer mit einer Kerntem-peratur von mindestens 70 °C gut durchgegrillt sein. Damit es nicht austrocknet, empfiehlt sich eine Mischung aus Rind und dem etwas fetteren Schwein. Sehr empfehlenswert sind jedoch auch Lammhack-fleisch und Geflügelhackfleisch, auch gemischt.

Hackfleisch verliert beim Grillen Flüssigkeit und Fett. Damit werden auch Geschmacksstoffe wieder ausgeschwemmt, so dass man getrost kräftig würzen kann, etwa mit Pfeffer, Salz, Knoblauch, Zwie-beln, Chili, Koriander, Kurkuma, Kreuzkümmel, Petersilie und Minze.

Der Klassiker: Die Bratwurst

Dem Hackfleisch nahe verwandt ist die Bratwurst, deren Name nicht auf ihre Verwendung, sondern auf ihren Inhalt, das Brät, hinweist. Bratwürste sind seit Jahrhunderten auf der ganzen Welt bekannt, und es gibt wunderschöne Geschichten um ihre Entstehung und Verwendung. Länge, Durchmesser, Konsistenz und Inhaltsstoffe sind so verschieden wie ihre Herkunft, so dass ihr ein eigenes Buch gewidmet werden könnte. Am bekanntesten in unseren Breiten sind wohl Thüringer und Nürnberger Bratwürste sowie die arabisch-französische Merguez.

Geflügel

Sehr zu Unrecht hat die UNO dem Huhn bislang zu wenig Beachtung geschenkt. Denn kein anderes Fleisch ist derart Völker verbindend wie dieser Vogel. Es gibt wohl kein Land dieser Erde, in dem kein Huhn gegessen wird. Wenn es gelänge, ein Huhn in den

UNO-Sicherheitsrat zu berufen, könnte dieses unscheinbare Tier der Friedensengel des 21. Jahrhunderts werden. Aber vielleicht ist diese Idee zu kurz gedacht, denn wenn es zum heiligen Tier ernannt würde, müssten wir fortan auf einen Fleischverzehr verzichten, dem wir derzeit mit großem Genuss und Gewinn frönen. Huhn ist leicht verdaulich, fettarm, gesund und lässt sich sehr variabel zubereiten.

Das entscheidende Problem am ganzen Tier sind die Knochen. Sie verzögern den Garprozess in die Tiefe, was uns vor die Aufgabe stellt, die Zeit so zu strecken, dass unser Huhn außen nicht verbrennt, sein Fett verliert und vollständig durchgart. Eine Situation, die wir auch von Spareribs kennen. Am besten gelingt diese Aufgabe wohl unbestritten am Drehspieß, denn die Rotation sorgt für eine gleichmäßige Garung und Fettung des Fleisches. Wenn man mehrere Drehspieße in Betrieb hat, entsteht daraus sogar ein kollektives Fetterlebnis. Jedoch gelingt das ganze Tier auch hervorragend in liegendem Zustand auf dem Barbecuegrill bei indirekter Grillmethode und Brust nach unten. In beiden Fällen sollte man dem Tier gut 90 Minuten geben. Halbieren lässt sich diese Zeit, wenn wir den ganzen Vogel vor dem Grillen begradigen. Mit einer Geflügelschere wird zunächst das Rückgrat herausgeschnitten und das Tier aufgebrochen. Anschließend wird das Brustbein so eingeschnitten, dass man das ganze Huhn flach drücken kann.

Die indirekte Grillmethode ist auch deshalb sinnvoll, weil Huhn beim Grillen gefährliche Fettspritzer abgibt, die bei Kontakt mit der Glut zum Flammenwerfer werden.

Für alle Geflügelarten gilt eine relativ hohe Gefährdung durch Salmonellen. Konsequente Kühlung sowie Reinigung aller benutzten Geräte und Flächen ist daher Pflicht. Deshalb muss das Fleisch auch eine Kerntemperatur von 80 °C bis 85 °C erreichen. Ein Indiz dafür ist, dass beim Anstechen der Haut klarer Saft austritt. Noch sicherer ist die Verwendung eines Bratenthermometers.

Huhn, Pute, Ente, Gans, Truthahn und Rebhuhn lassen sich hervorragend marinieren, wenn man bedenkt, dass die Haut sich dem weitgehend verweigert. Deshalb muss die Marinade mit etwas Geschick und Vorsicht unter die Haut gebracht oder das gesamte Stück in der Marinade versenkt werden. Typische Zutaten einer Geflügelmarinade sind Öl, Sojasauce, Zitrone, Knoblauch, Zwiebeln, Chili- und Paprikapulver, Koriander und Petersilie.

Wild

Abgesehen vom Volksfest-Schwein am Spieß ist Wild ist nicht so häufig auf deutschen Grills zu finden. Sehr zu Unrecht, wie ich finde, denn Wildschwein, Reh und Hirsch sind vorzüglich geeignet und sehr delikat.

Ideal für die Barbecuemethode sind größere Fleischstücke, die in Ruhe garen wollen.

Dabei sind es Vorurteile und Ängste, die den Einsatz von Wild zumeist verhindern. Richtig eingekauft, vor- und zubereitet, lösen sich diese Argumente jedoch schnell auf.

»Wild schmeckt so streng«, lautet eine weitverbreitete Meinung. Natürlich schmeckt Wild nach Wild, aber das ist auch gut so und sollte nicht abschrecken, denn so wild schmeckt es nun auch wieder nicht. Gesundes und frisches Wild hat einen kräftigen und würzigen Geschmack, und viele würden sich wundern, was sie da gerade essen. Zudem kann (muss aber nicht!) Wild auch mariniert werden, was seine Fasern auflockert und die Geschmacksintensität mildert.

»Wild ist anfällig für Salmonellen«, sagt der Volksmund weiterhin. Aber das sind Fisch und Geflügel auch, und beides ist von unseren Grills nicht wegzudenken. Wegen der Salmonellengefahr liegt die erforderliche Kerntemperatur für Wild bei rund 80 °C. Danach besteht keinerlei Gefahr mehr.

»Wild wird schnell trocken«, kein Wunder, denn die Tiere rennen den ganzen Tag durch den Wald und besitzen deshalb nur wenig Fett. Aber das ist kein Argument gegen seinen Verzehr, wir lieben ja auch das magere Rinderfilet. Wird Wild also zu trocken, liegt es stets an falscher Zubereitung: zu wenig Fettbeigabe, zu lange gegrillt, zu hohe Temperatur.

Da ich nur ungern auf den Eigengeschmack des Fleisches Einfluss nehme, versage ich mir das Marinieren. Es ist jedoch absolut legitim. Als Grundsubstanz sollten Buttermilch oder Joghurt dienen, aber auch Wein und Öl sind gut geeignet. Zum Würzen nehme man Lorbeerblätter, Zwiebeln, Pfeffer, Nelken, Wacholderbeeren und Wurzelgemüse wie Möhren. In diesem Sud kann das Fleisch bis zu mehreren Tagen im Kühlschrank ruhen.

Die Zubereitung kleinerer Stücke erfolgt auf dem Grill eher kurz und direkt. Größere Stücke sind jedoch durchaus für die Barbecuemethode geeignet.

Fisch und Meeresfrüchte

Bereits die alten Griechen haben es gewusst: Alles Sein besteht aus vier Elementen. Feuer und Wasser sind zwei davon. Wenn also Wasserbewohner auf unserem Grill landen, sind wir dem Ursprung der Welt ganz nahe. Zumal sie nicht nur leicht und sehr gesund sind, sondern erst über dem Feuer ihren wahren Geschmack entfalten.

Fisch

Bei Fisch entscheidet man sich vorzugsweise für fettreiche Sorten wie Barsch, Lachs, Forelle, Scholle, Brasse oder Makrele, denn so bleibt das Fleisch problemlos saftig und lässt sich leicht vom Rost lösen. Fettarme Exemplare hingegen müssen gegebenenfalls vor und während des Grillens mit Öl bestrichen werden.

Fische und Meeresfrüchte müssen (!) stets frisch gekauft und verarbeitet werden. Dabei reden wir weniger von Tagen als von Stunden! Beurteilen lässt sich der Frischegrad am fehlenden Fischgeruch, an klaren Augen, an frisch-roten Kiemen und an der Glaubwürdigkeit des Händlers. Letzteres Kriterium gewinnt beim Kauf von Filet besondere Bedeutung, denn dessen Frischegrad lässt sich für den Laien nur schwer beurteilen. Da meist wenig Übung vorherrscht, sollten ganze Fische bereits ausgenommen und geschuppt gekauft werden.

Fisch ist im Geschmack sehr fein. Seine Würzung sollte daher nur dezent und ausgewählt erfolgen. Dazu bieten sich vor allem Ölmarinaden mit frischen Kräutern und Gewürzen wie Petersilie, Schnittlauch, Thymian, Koriander, Kerbel, Estragon, Majoran, Lorbeerblatt, Pfeffer, Knoblauch, Porree, Zitronenschale, Kresse oder Fenchel an. Größere Exemplare kann man an den Flanken bis auf die Gräte anschneiden, um das Eindringen der Marinade zu erleichtern.

Ob Lachs, Thunfisch, Kalmare, Muscheln oder Garnelen – frische Ware garantiert ungetrübten Grillgenuss.

Meeresfrüchte

Selbstverständlich lassen sich auch Schalentiere und Tintenfisch hervorragend grillen. Ob in der Schale oder ohne, ob gespießt mit Früchten und Gemüse oder mit einer Füllung. Zumeist wird kurz und direkt gegrillt, gefüllter Tintenfisch lässt sich jedoch auch wunderbar indirekt grillen.

Garnelen und Jakobsmuscheln sind die kleinen Stars auf dem Grill, sie lassen sich gut spießen und sehr fein würzen. Da sie wenig Fett enthalten, legt man sie gerne vor dem Grillen in eine ölhaltige Marinade. Garnelen garen schnell und gleichmäßig und schmecken unwiderstehlich, auch einfach nur mit etwas frischem Brot, viel Knoblauch und erfrischendem Limettensaft. Man kann sie sowohl bei starker Hitze mit geschlossenem Deckel indirekt als auch bei schwacher Hitze direkt grillen.

Gemüse

Ziel jedes selbstlosen Gemüses sollte es sein, das Leben auf dem Grill zu beenden und von dort aus den Menschen zu beglücken.

Gemüse auf dem Grill hat nicht zwingend etwas mit Vegetarismus zu tun. Vielmehr erfreuen sich immer mehr Fleischliebhaber an den auch optisch überaus attraktiven Gerichten.

Gemüse vom Grill begeistert Feinschmecker als Vorspeise, Beilage und Hauptgang gleichermaßen. Zumeist wird das Gemüse in Streifen, Stücke oder Scheiben geschnitten und bei kurzen Zeiten direkt gegrillt. Dabei gewinnt es deutlich an Aroma, denn durch den Feuchtigkeitsverlust wird der Geschmack intensiver, und die trockene Hitze lässt den Zucker in den Früchten karamellisieren. Es gibt kaum eine

Auf Salz und Zitrone sollte vor dem Grillen grundsätzlich verzichtet werden, um den Fisch saftig und strukturiert zu erhalten. Eine bequeme und zugleich würzige Möglichkeit, ein komplettes Menü herzustellen, besteht darin, einen ganzen Fisch vollständig mit Gemüse zu füllen, denn für beide gelten in etwa gleiche Garzeiten.

Da Fisch gern am Rost hängen bleibt, sollte dieser vor dem Auflegen etwas geölt werden. Nützliche Hilfsmittel sind Bananenblätter, die das Anbrennen und Ankleben verhindern, sowie Fischwender, in die der Fisch sanft eingeklemmt wird und die ein schadloses Wenden des Fisches ermöglichen.

Fisch benötigt meist nur sehr geringe Garzeiten, und in der Regel wird er bei mittlerer Hitze direkt gegrillt. Ganze Tiere, über ein Kilo schwer, sollten indirekt gegrillt werden, um vollständig zu garen, ohne dass die Haut verbrennt. Gar ist der Fisch, wenn sich die Fleischlamellen beim leichten Andrücken mit der Gabel bis zur Gräte lösen.

Gemüseart, die sich nicht zum Grillen eignet, angefangen bei Auberginen, Fenchel und Frühlingszwiebeln über Kohl, Kürbis, Mais und Okraschoten bis hin zu Paprikaschoten, Spargel, Tomaten, Zucchini und Zwiebeln. Auch Champignons sind ideal zum Grillen. Um den Eigengeschmack des Gemüses zu unterstreichen, wird meist zuvor mariniert, wobei Öl, Salz, Pfeffer, Zitrone, Knoblauch und die ganze Welt des Kräutergartens dezent zum Einsatz kommen.

Wer die Mühe nicht scheut, sollte sich unbedingt auch an Füllungen versuchen, denn viele Gemüsearten haben ein gewisses Volumen, das man dafür nutzen kann. Tomate und Paprikaschote lassen sich aushöhlen, Zucchini kann halbiert und ausgeschabt werden, beim Champignon lässt sich der Stiel entfernen, und schon tut sich ein Reservoir für diverse Füllungen aus Fleisch, Fisch oder anderem Gemüse auf. Interessant sind auch Kombinationen aus verschiedenen Zutaten.

Der kulinarischen Fantasie sollte hier exzessiv Freilauf gewährt werden, denn oft entstehen die besten Kreationen erst beim Arbeiten.

Obst

Ananas und Bananen sind als Grillgut bereits recht bekannt, man denke nur an das verführerisch süße und weiche Fruchtfleisch, das sich herauslöffeln lässt, wenn man eine Banane im Ganzen auf den Grill legt, bis die Schale schwarz geworden ist. Aber auch Trockenfrüchte, Papayas, Mangos, Erdbeeren, Weintrauben, Kiwis, Grapefruits, Feigen, Aprikosen, Melonen oder andere Früchte eignen sich hervorragend. Wie beim Gemüse kann das Obst separat, aber auch in Verbindung mit Fisch, Fleisch und Käse als Spieß oder Füllung gegrillt werden. Die Zubereitungszeiten sind unterschiedlich, sie liegen je nach Konsistenz, Verarbeitung und Grillmethode zwischen 4 und 15 Minuten.

Marinaden

Marinieren stammt dem Wortursprung nach aus dem Französischen. Mariné bedeutet »in Salzwasser eingelegt« und war zu Zeiten der Seefahrer eine Methode zum Haltbarmachen von Speisen. Heute versteht man unter Marinieren vor allem das Einlegen von Fleisch oder Fisch in eine Gewürzlake. Die eindringenden Gewürze aromatisieren das Fleisch, und die Säure macht es zart, indem sie die Gelatine im Bindegewebe löst. Die Säure hemmt zudem die Ausbreitung von Bakterien.

Die flüssige Grundlage einer Marinade bilden in der Regel Essig, Wein, saure Sahne, Joghurt, Buttermilch, Öl, Bier oder sogar Fruchtsäfte. Je nach Rezept werden Kräuter, Gewürze, Früchte, Zwiebeln, Senf, Ketchup, Honig oder Rohrzucker hinzugegeben. Klassische Zutaten sind Pfeffer, Piment, Knoblauch, Senfkörner, Dill, Petersilie, Koriander und Lorbeer, mitunter auch Majoran, Salbei, Kardamom, Kreuzkümmel, Basilikum und Rosmarin.

Salz in der Marinade entzieht dem eingelegten Fleisch seine Flüssigkeit. Das Fleisch trocknet aus, und die Aromen der Marinade ziehen schlechter ein. Marinaden sollten daher grundsätzlich salzfrei sein.

Fleisch sollte beim Marinieren vollständig von der Flüssigkeit umschlossen sein. Die Marinierdauer richtet sich nach Größe und Art der eingelegten Stücke. In der Regel wird mindestens zwei und maximal 48 Stunden mariniert. Nach dem Marinieren wird das Fleisch abgespült und trockengetupft.

Flüssige Marinaden sind durchaus sinnvoll, wenn direkt gegrillt wird. Die Gewürzaromen ziehen in das Innere des Fleisches, wo sie vor der Hitze geschützt sind und nicht verbrennen können. Bei der indirekten Grillmethode spielt dieser Aspekt keine Rolle. Sofern das Fleisch mehrere Stunden auf dem Barbecuegrill liegen wird, bietet sich eine trockene Gewürzmischung an, mit der man das Fleisch zuvor einreibt.

Fischmarinaden dienen lediglich der Geschmacksgebung, denn zart ist Fisch von allein. Deshalb sollte man auch beim Marinieren von Fisch auf Salz verzichten, denn das zieht die Feuchtigkeit heraus. Auch Zitrone oder andere Säuren sind in einer Fischmarinade unerwünscht, da sie das Eiweißgewebe angreifen.

Fazit: Wer marinieren will, sollte Respekt vor dem Grillgut besitzen und so dezent vorgehen, dass der Eigengeschmack des Grillgutes nicht erschlagen, sondern vielmehr unterstützt wird.

Etwas Philosophie über den Geschmack

Rund 150 000 Geschmackszellen befinden sich in unserem Mund. Mit ihrer Hilfe sind wir in der Lage, etwas zu schmecken. Dabei sind es nur vier Geschmacksrichtungen, die wir wahrnehmen können: süß, sauer, bitter und salzig. Leider hat ein japanischer Wissenschaftler jedoch herausgefunden, dass es noch einen fünften Geschmack gibt. »Umami« wird dieser Geschmack genannt und bedeutet soviel wie fleischig-deftig, herzhaft oder lecker.

Was aber schmeckt umami? Natriumglutamat schmeckt so, und das ist in fast allen Fertigprodukten enthalten. Sofern diese Fertigprodukte (und es werden immer mehr in den Supermarktregalen) in achter Generation tatsächlich einen Ursprung in natürlichen Lebensmitteln hatten, sind auf dem Weg ihrer Verarbeitung nahezu alle Eigengeschmäcke verloren gegangen. Um das Ganze nun wieder irgendwie schmackhaft zu machen, wird Glutamat hinzugefügt. Umami signalisiert unserem Körper, dass in dem Nahrungsmittel Eiweiß vorhanden ist (fatalerweise selbst bei völliger Abwesenheit!), und unser Hirn schreit danach, immer und immer wieder. Infolgedessen sind unsere Geschmacksnerven von Kindesbeinen an nahezu einheitlich konditioniert. Das führt dazu, dass wir den naturgegebenen Geschmack von Gemüse und Fleisch oft langweilig und fad empfinden, ständig »fehlt« etwas.

Dieser Umstand scheint mir der Grund zu sein, warum Marinaden oft als Hohe Schule der Grillkunst betrachtet werden. Jeder hat sein Spezialrezept, auf das er schwört und mit dem er seinem Fleisch den ganz besonderen Kick verpassen möchte.

Mein Ansatz ist das nicht, jedenfalls nicht von Grund auf. Vielmehr gehe ich davon aus, dass jedes natürliche Lebensmittel seinen ganz eigenen Geschmack besitzt. Vor lauter Würzen und Marinieren wissen wir doch kaum noch, wie Huhn, Rind oder Paprika tatsächlich schmecken. Wenn mein Fleisch nur mariniert oder gewürzt schmeckt, läuft doch etwas schief: Es sollte zunächst einmal von sich aus gut schmecken.

Wenn es mir jedoch gelingt, diesen Eigengeschmack durch dezente Beigaben zu unterstreichen oder noch anzuheben, dann ist dies tatsächlich die Hohe Schule des Grillens.

Saucen und Dips

Der aufmerksame Leser wird bemerkt haben, dass ich mich mit Geschmacksanhebungen nur bedingt anfreunde und eher auf den Eigengeschmack des Grillgutes aus bin.

Das trifft auf Dips und Saucen jedoch nicht zu. Denn weil sie nachträglich gereicht werden, kann man sie anwenden, ohne den Eigengeschmack zu beeinträchtigen.

So manch ein Kochkollege wird mich steinigen, wenn ich Dips und Saucen hier in einen Topf werfe. Und wenn wir an dieser Stelle über die klassische Küche sprächen, wäre diese Bestrafung auch durchaus angemessen. Beim Grillbüffet jedoch ist diese großzügige Betrachtung gewiss verzeihlich, denn es handelt sich stets um Flüssigkeiten, in die man das fertige Grillgut eintaucht.

Unvergleichliche Geschmackserleb-nisse offenbaren sich den Grillfreunden bei der Verwendung von frischen Zutaten für die Herstellung von selbst gemachten Würzmischungen, Saucen und Dips. So wird ein Barbecue formvollendet abgerundet.

Der moderne Zeitgenosse bevorzugt oft fertige BBQ-Saucen aus dem Supermarkt oder dem Fachhandel. Und in der Tat gibt es dort vorzügliche Kreationen: HP, Hunts, Stub's, Jim Beam, HM Habanero und andere Hersteller haben viele Saucen im Angebot, von rauchig über scharf bis fruchtig, in die man sein Fleisch getrost tunken kann. Was ich selbst nicht so mag, aber dennoch leckere Ergebnisse bringt, ist das Marinieren mit diesen Saucen.

Selbst kreativ sein

Wer es individueller mag, der kann seine Saucen natürlich selbst herstellen. Da sich über Geschmack nicht streiten lässt, reicht das weltumspannende Saucenrepertoire von Tomaten-, über Essig- bis hin zu Senfsaucen. Die Zutaten sind noch vielfältiger: Honig und brauner Zucker, Nüsse und Mandeln,

Chili- und Paprikapulver, Petersilie und Koriander, Knoblauch und Zwiebeln, Früchte und Fruchtsäfte, Anchovis und Fischsauce, Öl und Sojasauce, um nur die wesentlichen zu nennen. Saucen werden gekocht oder kalt angerührt und sind je nach Zutaten mehrere Tage bis zu mehreren Wochen lang haltbar.

Dips werden in der Regel eher für Brot und Salate verwendet. Darin überwiegen die Gemüse- oder Fruchtanteile, die Struktur ist oft gröber als die von Saucen, und zuweilen wird auch Frisch- oder Schafskäse zu ihrer Herstellung verwendet. Die Übergänge zum Relish oder Pesto sind dabei fließend.

Die Aufzählung zeigt auf, dass man bei der Zubereitung von Saucen und Dips eigentlich nichts falsch machen kann. Alles ist erlaubt, und das Schlimmste, was passieren kann, ist, dass es nicht so schmeckt wie erhofft. Aber das kann man durch Experimentieren ja feststellen, bevor die Gäste kommen!

Bier zum Ablöschen

Wir wollen immer an etwas glauben. Frauen glauben an die große Liebe und Männer daran, dass Fleisch mit Bier abgelöscht werden muss.

Die Geschichte zeigt seit Jahrtausenden, dass sich Glauben nicht zerstören lässt, und aus dieser Erkenntnis heraus könnte der Text hier enden. Aber ich glaube an den Bildungsauftrag und fahre fort:

Wir haben also unseren Grill in Betrieb gebracht, die Glut ist rund 700 °C heiß, und wir haben soeben das Fleisch aufgelegt. Es zischt und brutzelt, und bald sickern die ersten Fetttropfen in die Glut. Unten angekommen, verbrennen sie in der Glut. Zuerst qualmt es nur, aber recht bald entzünden sich die fettigen Gase.

Auf diesen Moment haben wir gewartet: Mit wissender Miene drücken wir den Daumen auf den Flaschenhals, schütteln noch einmal kurz und löschen. Die zufriedene Geste in unserem Gesicht zeigt an, dass wir nicht nur einen gefährlichen Großbrand heldenhaft bekämpft haben, sondern dass unser Fleisch durch das Bier auch an Geschmack gewonnen hat, was die Umherstehenden nur noch nicht wissen.

Um diesen Vorgang einmal sachlich zu bewerten, helfen wie so oft im Leben das Nachdenken und das Fragenstellen. Wie lange hatte mein Fleisch Kontakt mit dem Bier? Mehr als zwei Sekunden werden es nicht sein: Eine Sekunde in flüssigem Zustand auf dem Weg nach unten und eine weitere in gasförmigem auf dem Rückweg. Das war's. Da zu diesem Zeitpunkt die Poren des Fleisches bereits geschlossen waren, stellt sich die finale Frage: Was hatte mein Fleisch von diesem Zwei-Sekunden-Bierkontakt? Es ist dreckig geworden, denn die Bierdampfschwaden haben die Asche hochgerissen, und weil das Fleisch im Weg lag, ist sie dort hängen geblieben.

Das Fleisch lässt sich abwischen, so schlimm ist das nicht. Was jedoch viel schwerer wiegt: Das Bier ist verloren und der Flaschenrest durch das Schütteln schal geworden. So geht man mit Lebensmitteln nicht um.

Übrigens, Sam, einem Gast meiner Grillseminare, verdanke ich den Hinweis, dass uns mit dieser Erklärung die Begründung verloren gehen würde, mit der Flasche Bier am Grill zu stehen. Also Männer: Vergesst das Gelesene oder redet zumindest nicht darüber!

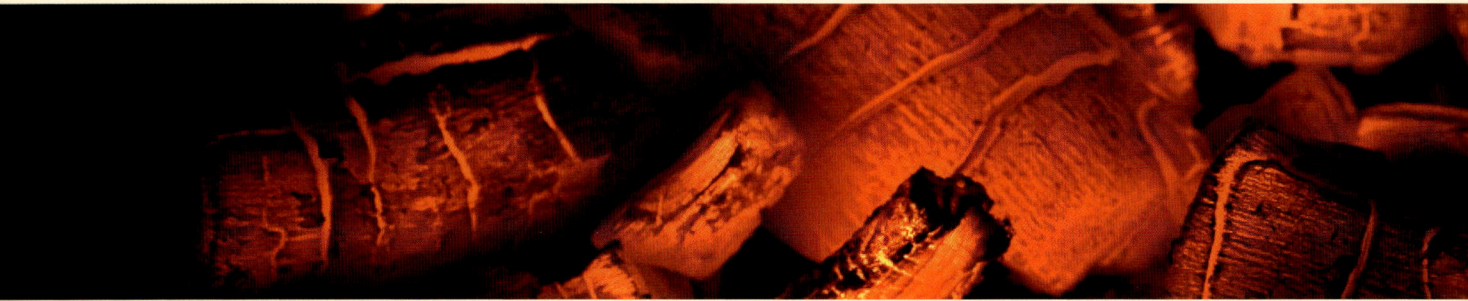

Fleisch

Perfekt grillen

Barbecue-Methode für große Fleischstücke

Stundenlanges Barbecue ist ideal für Fleisch am Stück. Natürlich kann man es zuvor mit einer Trockengewürzmischung (Rub) einreiben, doch wenn man es wie hier beschrieben zubereitet hat, wird man sich fragen, was eine Marinade daran hätte verbessern können. Und: Keine Panik, wenn sich am Bratenthermometer zunächst nichts tut. Auf keinen Fall die Temperatur erhöhen – das wird schon!

Zubereitung

Das Fleisch (für 6 bis 8 Personen z. B. 2 kg Entrecote bester Qualität, gut gereift und fest in der Struktur) kurz abspülen und mit Küchenkrepp trockentupfen.

Kohlegrill Die Glut im Grill an zwei Seiten schieben oder gleich so anheizen, dass nur maximal ein Viertel der Fläche bedeckt ist. Das Fleisch über der Glut von allen Seiten scharf anbraten. Wenn dabei Flammen hochschlagen, ist das kein Problem. Das Fleisch sollte aus optischen und geschmacklichen Gründen kräftig angebräunt sein und deutliche Spuren des Rostes aufweisen, und trotzdem noch saftig aussehen. Sieht es nach dem kurzen Anbraten bereits trocken aus, war die Hitze zu stark und hat die obere Fleischschicht schlagartig ausgetrocknet.

Nach dem Anbraten das Fleisch deutlich abseits der Glut legen und ein Bratenthermometer (am besten ein Funkthermometer) so einstechen, dass es an der dicksten Stelle des Fleisches misst. Den Deckel schließen und die Innentemperatur des Grills bei 100 °C bis 120 °C halten. Bei größeren Fleischstücken müssen dazu gelegentlich vier bis sechs Briketts nachgelegt werden. Die Temperatur im Fleisch steigt nur ganz allmählich an, das kann 2 bis 3 Stunden dauern. Hat die Kerntemperatur 58 °C bis 59 °C erreicht, ist es fertig. Das Fleisch herunternehmen, in Aluminiumfolie einwickeln und ca. 20 Minuten ruhen lassen. Gegen die Faser aufschneiden und mit Salz und Pfeffer servieren.

Gasgrill Im Gasgrill wird das Fleisch genauso zubereitet. Ohne Deckel wird es allerdings schwierig.

Beilage Dazu passt alles oder nichts: gutes Brot und Rotwein, gebutterte Kartoffel oder frischer Salat. Oder eine dicke, aus dem vollen Kopf geschnittene Scheibe Romanasalat mit Blauschimmelkäse und einem Hauch Knoblauch im Grill überbacken: grandios! Danke, Marco, für diesen Tipp.

Garzeit Kerntemperatur ist entscheidend, temperaturabhängig, 2–3 Stunden
Ruhezeit 20 Minuten

Grill-Methode für Steaks

Diese Anleitung gilt sinngemäß für Steaks aller Art, wobei Fleischsorte und -dicke Anbrat- und Garzeit bestimmen. Steaks vom Rind und Lamm braucht man nicht zu marinieren, hier genügen – wenn das Fleisch vom Rost kommt – Meersalz und Pfeffer. Pute verträgt eine dezente Marinade aus Bärlauch oder Früchten. Lediglich Schweinenackensteaks sollte man vor dem Grillen kräftig marinieren.

Zubereitung

Das Fleisch (für 1 Person z. B. 1 Scheibe Entrecote, 15 mm stark, frisch und fest in der Struktur) kurz abspülen und mit Küchenkrepp trockentupfen.

Kohlegrill Für Steaks ist der Kohlegrill wohl das beste Gerät. Die Glut im Grill so teilen oder gleich so anheizen, dass nur maximal ein Drittel der Fläche bedeckt ist. Dort sollte jedoch ein ordentlich heißes Feuer glühen. Das Fleisch über der Glut ca. 30 Sekunden scharf anbraten, um 90 Grad drehen und für weitere 30 Sekunden ebenso scharf anbraten, damit ein schönes Muster darauf entsteht. Auf der Rückseite diesen Vorgang wiederholen. Wenn dabei Flammen hochschlagen, ist das kein Problem. Das Fleisch sollte kräftig angebräunt sein, deutliche Spuren des Rostes aufweisen und trotzdem noch saftig aussehen. Sieht es nach dem kurzen Anbraten bereits trocken aus, war die Hitze zu stark und hat die obere Fleisch- schicht schlagartig ausgetrocknet.

Das Rezeptfoto findest du auf Seite 29

Nach dem Anbraten das Fleisch deutlich abseits der Glut legen und den Deckel schließen. Je nach Grillmodell und Temperatur muss das Fleisch dann eventuell noch einmal gewendet werden, sofern Ober- und Unterhitze wesentlich voneinan- der abweichen. Die Temperatur sollte bei ca. 160 °C liegen. Besitzt der Grill keinen Deckel, muss das Fleisch auf jeden Fall einmal gewendet werden. Tritt auf der Oberseite des Fleischs Saft aus, ist es »medium«. Das Fleisch noch 3 bis 4 Minuten an einem warmen Ort ruhen lassen und dann servieren.

Gasgrill Nicht jeder Gasgrill besitzt die Möglichkeit, das Fleisch separat scharf anzubraten. Hier hilft nur, den Grill erst auf höchster Stufe zu fahren und nach dem Anbraten sofort deutlich zu reduzieren. Gasgrills regieren darauf in der Regel sehr schnell. Besitzt der Gasgrill mehrere Brenner, schaltet man nach dem Anbraten alle bis auf einen komplett ab und stellt den verbleibenden auf niedrigste Stufe. Das Fleisch gart dann in dem Bereich der geschlossenen Brenner.

Garzeit temperaturabhängig, 8–10 Minuten   **Ruhezeit** 3–4 Minuten

Spareribs

Zutaten für 4 Personen

1,8 kg Schweinerippen (vom Metzger in 4 Stücke schneiden lassen, um eine einheitliche Garstufe zu erzielen)

1/2 l Spareribs-Marinade (siehe Seite 47)

Zubereitung

Die auf der Rückseite der Schweinerippen befindliche Hautschicht komplett abziehen, denn sie gart nicht durch und bleibt immer zwischen den Zähnen hängen. Zudem dringt die Marinade dann besser in das Fleisch ein. Dafür die Haut zunächst an einer Ecke mit einem spitzen Messer lösen und sie dann von Hand abziehen, ähnlich wie bei einem Aufkleber.

Die Ribs mit der Marinade einstreichen. 24 Stunden an kühlem Ort ziehen lassen.

Den Grill mit ca. 15 Briketts befeuern, welche zu gleichen Teilen an den Seiten des Grills liegen. Der Grill muss keine kräftige Temperatur besitzen, denn die Ribs gelingen bereits ab einer Temperatur von 80 °C.

Die Marinade grob abtropfen lassen und die Ribs auf den heißen Grill legen. Auf jeden Fall indirekt und am besten mit geschlossenem Deckel grillen. Mit der restlichen Marinade die Ribs während des Grillens mehrmals einpinseln.

Zubereitungszeit 20 Minuten plus Garzeit
Marinierzeit 24 Stunden

Tipp Oft genug werden Spareribs (geschälte Rippchen) zu heiß und zu kurz gegrillt. Das Ergebnis sind außen angebrannte Stücke, die innen noch von Fett triefen. Stellt man diesen Umstand rechtzeitig fest, ist die einzige Schlussfolgerung: Runter mit der Temperatur und die Garzeit verlängern!
Die Verweildauer der Ribs auf dem Grill hängt vom Fleisch und dem zur Verfügung stehenden Zeitrahmen ab. Garzeiten von 1 bis 8 Stunden und mehr sind dabei keine Seltenheit. Die Garzeit steuert man dann über die Temperatur. Merke: Solange die Ribs noch Fett enthalten, werden sie immer besser, denn das Fett gibt weiterhin Geschmack ab und hält das Fleisch feucht.
Noch besser werden die Ribs natürlich, wenn sie im Rauch von echtem Holz garen können, denn das gibt einen wahrhaft rauchigen Geschmack.

Wodkafleisch

Zutaten für 4 Personen

1 kg Zwiebeln
1 kg Schweinekamm
200 ml Wodka
3 EL Salz
Außerdem: 10–12 Schaschlikspieße (wegen
der hohen Temperatur aus Metall)

Zubereitung

Zwiebeln abziehen und in halbe Ringe schneiden. Das Fleisch in 3 Zentimeter große
Würfel schneiden und mit den Zwiebelringen, dem Wodka und dem Salz vermengen. Einen lose sitzenden Deckel auflegen und mit einem sehr kräftigen Gewicht
beschweren. Abdecken und das Fleisch an kühlem Ort 48 Stunden ziehen lassen.

Die Fleischwürfel auf Spieße ziehen und bei extremer Hitze ca. 4 Minuten von allen
Seiten direkt anbraten.

Zubereitungszeit 10–15 Minuten plus Garzeit
Marinierzeit 48 Stunden

Dank an Reinhold, der mir dieses Rezept aus Kirgisien mitgebracht hat.

Tipp Für dieses Gericht am besten Metallspieße verwenden, denn die hohen
Temperaturen vom Grill könnten z. B. Bambusspießen gefährlich werden.

Steakröllchen mit Gemüsefüllung

Zutaten für 4 Personen

6 TL Grillgewürz (Rub, siehe Seite 49)
8 EL Olivenöl
4 Scheiben Schweinenackensteaks
(4 mm stark, vom Metzger geschnitten)
4 Frühlingszwiebeln
4 Möhren
Außerdem: Zahnstocher

Zubereitung

Zunächst das Fleisch marinieren. Dazu in einem tiefen Teller das Grillgewürz mit dem Öl anrühren. Das Fleisch einlegen, im Sud wenden, abdecken und ca. 2 Stunden in den Kühlschrank stellen.

Frühlingszwiebeln und Möhren waschen, putzen und in 4 bis 5 Zentimeter lange Streifen schneiden. Die Gemüsestreifen sollten nicht länger sein, als das Fleisch breit ist, damit nichts übersteht und verbrennt. Die Frühlingszwiebeln können ihren vollen Durchmesser behalten, die Möhren in ca. 4 Millimeter breite Streifen schneiden.

Das Fleisch aus der Marinade heben, abtropfen lassen und flach ausbreiten. Jedes Stück Fleisch mit mehreren Gemüsestreifen belegen und zusammenrollen. Die Fleischenden mit 2 Zahnstochern fixieren. Die Steakröllchen auf den Grill legen und bei geschlossenem Deckel 10 bis 12 Minuten indirekt grillen.

Zubereitungszeit 20–25 Minuten plus Garzeit
Marinierzeit 2 Stunden

Tipp Zusammen mit ein paar Rosmarinkartoffeln (siehe Seite 92) ist das Gericht komplett. Experimentieren ist angesagt: Möhren und Frühlingszwiebeln können auch durch Porree- oder Paprikastreifen ersetzt werden.
Auch bei direkter Grillmethode gelingen diese Röllchen. Allerdings sollten dann die Hitze reduziert und die Röllchen mehrfach gewendet werden.

Schweinerückentaschen mit Forelle und Erdbeeren

Zutaten für 4 Personen

4 Zwiebeln
20 Erdbeeren
200 g geräuchertes Forellenfilet
4 EL Aceto balsamico
4 EL Olivenöl
4 Scheiben Schweinerücken (mind. 2 cm stark)
Außerdem: Zahnstocher

Zubereitung

Für die Füllung die Zwiebeln abziehen, halbieren und in hauchdünne Scheibchen schneiden. Die Erdbeeren waschen, putzen und ebenfalls in dünne Scheiben schneiden. Das Forellenfilet in 1 Zentimeter große Stücke schneiden. Alles zusammen mit Essig und Öl gut durchmischen und 1 Stunde durchziehen lassen.

Das Fleisch kurz abspülen, mit Küchenkrepp trockentupfen und flach auf eine Arbeitsfläche legen. Mit einem scharfen, spitzen Messer je eine Tasche in die Fleischscheiben schneiden. Sie sollten möglichst groß sein, die Ränder aber nicht durchstoßen werden.

Den Zwiebelsud abgießen und die Masse in die vorbereiteten Fleischtaschen füllen. Die Öffnungen mit je 2 Zahnstochern verschließen.

Die Taschen 30 bis 40 Sekunden von jeder Seite scharf anbraten und dann bei geschlossenem Deckel 10 bis 12 Minuten indirekt weitergrillen.

Zubereitungszeit 20–25 Minuten plus Garzeit
Marinierzeit 1 Stunde

Tipp Mit etwas Charme kann sicher auch der Metzger schon die Taschen ins Fleisch schneiden. Statt Erdbeeren kann man auch Kiwi oder anderes, möglichst säuerliches Obst verwenden. Auch bei direkter Grillmethode gelingen diese Taschen. Allerdings sollten dann die Hitze reduziert sowie die Taschen mehrfach gewendet und leicht geölt werden. Das Fleisch kann natürlich vorher mariniert werden, der Geschmack wird dadurch aber nicht besser.

Lammkoteletts in Whiskeysahne

Zutaten für 4 Personen

frischer Bärlauch
1/2 TL Rosmarinnadeln
150 ml Whiskey
150 g Sahne
2 EL Olivenöl
20 kleine Lammkarrees (French Rack)

Zubereitung

Den Bärlauch waschen, trockenschütteln und fein hacken, es soll etwa 1 Esslöffel voll sein (zur Not getrockneten Bärlauch nehmen). Die Rosmarinnadeln fein hacken.

Whiskey, Sahne, Olivenöl, Bärlauch und Rosmarin zu einer Marinade verrühren. Die Koteletts kurz abspülen und mit Küchenkrepp trockentupfen. In die Marinade legen und 8 bis 12 Stunden ziehen lassen.

Das Fleisch aus der Marinade nehmen, abtropfen lassen und indirekt bei geschlossenem Deckel 10 bis 12 Minuten garen.

Zubereitungszeit 5–10 Minuten plus Garzeit
Marinierzeit 8–12 Stunden

Tipp Am besten gelingen die Karrees unter kräftiger Hitze bei indirekter Grillmethode und geschlossenem Deckel. Aber auch wenn sie 2 bis 3 Minuten direkt gegrillt werden, schmecken sie vorzüglich.

Dazu passen Rosmarinkartoffeln (siehe Seite 92) und scharf angegrillte Cherrytomaten oder Streifen von roter Paprikaschote.

Statt Whiskey kann man auch sehr gut trockenen Sherry, vermischt mit 1 Teelöffel Honig, verwenden.

Steak am Spieß

Zutaten für 4 Personen

4 Scheiben Schweinenackensteak
2 EL Trockengewürzmischung (Rub, s. Seite 49)
3 Paprikaschoten (rot/grün)
Außerdem: 8–10 Bambusspieße

Zubereitung

Die Steakscheiben kurz abspülen und mit Küchenkrepp trockentupfen. Von beiden Seiten mit der Gewürzmischung kräftig einreiben und an einem kühlen Ort 8 bis 10 Stunden marinieren.

Die Bambusspieße in kaltes Wasser legen und 2 Stunden einweichen lassen.

Die Paprikaschoten waschen, putzen und das Fruchtfleisch in 3 Zentimeter große Stücke schneiden.

Die Steakscheiben in 3 Zentimeter breite Streifen schneiden. Jeweils zuerst ein Stück Paprika auf jeden Spieß ziehen, dann einen zusammengeklappten Streifen Fleisch und mit einem andersfarbigen Stück Paprika abschließen, so dass das Fleisch durch die Paprikastücke etwas umschlossen wird.

Möglichst indirekt bei geschlossenem Deckel 10 bis 12 Minuten grillen.

Vorab Bambusspieße 2 Stunden wässern
Zubereitungszeit 15–20 Minuten plus Garzeit
Marinierzeit 8–10 Stunden

Tipp Dies ist eine hübsche Kombination aus Fleisch und Gemüse, für diejenigen, denen eine ganze Scheibe Fleisch zu viel ist. Auch als Snack für zwischendurch bestens geeignet. Die Spieße gelingen durchaus auch unter mehrmaligem Drehen bei direkter Grillmethode, dann muss man jedoch die Grillzeit reduzieren.

Lammburger mit Gorgonzola

Zutaten für 4 Personen

2 Frühlingszwiebeln
4 Stängel glatte Petersilie
10 Blätter frische Minze
1 EL Olivenöl
3 EL mittelscharfer Senf
1 EL Ketchup
1 TL Zitronenpfeffer
Salz
2 EL Paniermehl
500 g Hackfleisch vom Lamm
8 Toastbrötchen (Toasties)
4 Tomaten
100 g Gorgonzola

Zubereitung

Frühlingszwiebeln waschen, putzen und klein schneiden. Petersilie und Minze kurz abbrausen und trockenschwenken. Frühlingszwiebel, Petersilie, Minze und Öl grob pürieren. Zusammen mit Senf, Ketchup, Zitronenpfeffer, Salz und Paniermehl unter das Hackfleisch mischen. Die Masse ausgiebig kneten, bis sie gut bindet.

Aus der Fleischmasse 8 flache, handtellergroße Fladen formen. Die Burger kurz, ca. 30 Sekunden, von beiden Seiten sehr scharf anbraten. Danach 6 bis 8 Minuten indirekt weiter grillen.

Die Toastbrötchen aufbrechen und toasten. Die Tomaten waschen und in dünne Scheiben schneiden.

Den Garzustand der Fleischfladen durch leichtes Draufdrücken feststellen. Sind die Burger nahezu fest, etwas Gorgonzola mittig auflegen und schmelzen lassen.

Je 1 Burger und je 2 Tomatenscheiben auf die Unterseite der Toastbrötchen legen und deren Oberseite als Deckel auflegen.

Zubereitungszeit 15–20 Minuten plus Garzeit

Tipp Das dürfte auch den Kleinen schmecken! Ein Grillgerät-Deckel hilft beim indirekten Grillen und beim Schmelzen des Käses, ist jedoch kein Muss. Wer mag, kann natürlich noch diverse Saucen unter und über die Burger geben. Ob man dann noch schmeckt, was man Leckeres produziert hat, darf jedoch bezweifelt werden. Ganz klassisch kann natürlich auch ein Salatblatt unter den Burger gelegt werden.

Filetspieße mit Cherrytomaten

Zutaten für 4 Personen

1 Knoblauchzehe
2 Stängel Petersilie
3 EL Sojasauce
1 EL Fischsauce
2 EL Ahornsirup
1 EL Sake
1 EL Olivenöl
2 EL Mangofruchtfleisch
1 TL Pinienkerne
350 g Rinderfilet
8 Cherrytomaten
Außerdem: 4 Bambusspieße

Zubereitung

Knoblauch abziehen und grob hacken. Petersilie kurz abbrausen und trockenschwenken. Beide Saucen, Sirup, Sake, Öl, Knoblauch, Petersilie, Mango und Pinienkerne fein pürieren. Die Marinade 2 Stunden ruhen lassen.

Das Rinderfilet kalt waschen, mit Küchenkrepp trockentupfen und in Würfel schneiden, die etwas größer als die Tomaten sind. Fleischstücke in die Marinade legen und 2 bis 4 Stunden marinieren lassen.

Die Tomaten waschen. Das Fleisch aus der Marinade nehmen, abtropfen lassen und im Wechsel mit den Cherrytomaten auf die Spieße ziehen. Allseitig scharf anbraten, insgesamt aber nicht länger als 1 Minute. Anschließend 4 bis 6 Minuten indirekt und bei möglichst geschlossenem Deckel weitergrillen. Ist kein Deckel vorhanden, mehrmals wenden.

Zubereitungszeit 20–25 Minuten plus Garzeit
Marinierzeit 4–6 Stunden

Tipp Die Tomaten sollten durch den Blütenansatz gespießt werden, um den Halt zu verbessern. Sie sollten zudem frei über dem Rost »schweben«, weshalb das Fleisch größer geschnitten sein muss.

Am besten legt man die Bambusspieße vor dem Gebrauch 2 Stunden in kaltes Wasser, damit sie beim Grillen nicht anbrennen. Oder man legt die gesteckten Spieße so auf den Grill, dass die freien Enden der Stäbe nicht über der Hitze liegen.

Rinderfilet mit Wirsingfüllung

Zutaten für 4 Personen

1 Zwiebel
500 g Wirsingkohl
1/2 TL frisch geriebene Muskatnuss
Pfeffer, Salz
1 kg Rinderfilet am Stück (gut abgehangen, gleichmäßiger Durchmesser)
100 g Speckwürfel (ca. 1 cm groß)
Außerdem: Metzgerzwirn

Zubereitung

Die Zwiebel abziehen und fein hacken. Vom Wirsing die schönsten Blätter abnehmen, abspülen und kurz in kochendem Wasser blanchieren. Danach in Eiswasser abschrecken und sehr gut abtropfen lassen. Die Wirsingblätter ein- bis zweimal der Breite nach schneiden und mit der Zwiebel und den Gewürzen durchmischen.

Das Rinderfilet kurz abspülen und mit Küchenkrepp trockentupfen. Eine Längsseite des Fleisches so aufschneiden, dass an der anderen Seite noch 1,5 Zentimeter stehen bleiben.

Die Wirsingblätter der Länge nach in die Fleischöffnung drücken, ohne allzu fest zu stopfen. An der offenen Längsseite sollten 1,5 Zentimeter frei bleiben. Die an den Stirnseiten überhängenden Enden abschneiden. Das Filet mit Metzgerzwirn verschnüren. Damit der Wirsing nicht austrocknet, an den Stirnseiten je einen Speckwürfel eindrücken.

Das Filet ohne Anbraten auf den Grill legen und bei 150 °C und geschlossenem Deckel ca. 1 Stunde indirekt grillen.

Zubereitungszeit 25–30 Minuten plus Garzeit

Tipp Als mild-dezenter Gegenpart passt dazu grüner Spargel (siehe Seite 100) oder ein Süßkartoffelauflauf (siehe Seite 104).

Gefüllte Lammkeule

Zutaten für 6 Personen

2 Eier
2 Knoblauchzehen
6 Stängel glatte Petersilie
10 Blätter Minze
10 Blätter Basilikum
4 Sardellenfilets
2 EL Paniermehl
2 EL Kapern
4 EL Öl
1 Lammkeule (ausgelöst)
Außerdem: Zahnstocher oder Metzgerzwirn

Zubereitung

Eier in siedendes Wasser legen und in 8 bis 10 Minuten hart kochen. Knoblauch abziehen und grob hacken. Petersilie, Minze und Basilikum kurz abbrausen, trockenschwenken und grob hacken. Sardellenfilets etwas klein schneiden.

Eier pellen und mit Knoblauch, Petersilie, Minze, Basilikum, Sardellenfilets, Paniermehl und Kapern fein pürieren; dabei das Öl langsam zugeben, so dass eine dicke Masse entsteht.

Lammkeule kalt waschen und mit Küchenkrepp trockentupfen. An der Längsseite eine möglichst große Tasche für die Füllung schneiden. Die gewürzte Eiermasse einfüllen und die Lammkeule mit Zahnstochern oder Metzgerzwirn verschließen. Die gefüllte Keule an einem kühlen Ort 6 Stunden ruhen lassen.

Das Fleisch auf dem Grill rundum kurz anbräunen und danach bei geschlossenem Deckel und ca. 160 °C indirekt weitergrillen. Die Garzeit liegt je nach Größe, Form und Temperatur zwischen 50 und 70 Minuten.

Zubereitungszeit 15–20 Minuten plus Garzeit
Ruhezeit 6 Stunden

Tipp Den Garzustand des Fleisches mit einem Bratenthermometer messen. Die Kerntemperatur liegt je nach Geschmack zwischen 60 °C bis 68 °C.
Die Beilage kann man relativ mild halten, da das Gericht sehr geschmacksintensiv ist.

Marinaden

Jerk-Marinade

Zutaten für 1 kg Fleisch

5 Frühlingszwiebeln
3 rote Zwiebeln
3 Knoblauchzehen
1 Stück frischer Ingwer
2 EL Pimentkörner
1 TL schwarzer Pfeffer
10 Chilischoten (Schärfegrad nach eigenem Schmerzgrad)
1 TL Thymian
Salz
4 EL Olivenöl
4 EL Sojasauce
2 EL Fischsauce
5 EL Limettensaft
3 EL Ahornsirup

Zubereitung Frühlingszwiebeln waschen und grob zerkleinern. Zwiebeln und Knoblauch abziehen und grob hacken. Ingwer schälen und fein hacken. Die Gewürzkörner möglichst fein zerstoßen. Alle Zutaten zusammen fein pürieren, nach Bedarf etwas Wasser zugeben und abschmecken. Mit dieser Masse das Grillgut einreiben und für das indirekte Grillen 2 Stunden marinieren lassen. Wenn direkt gegrillt wird, die Einwirkzeit auf 4 Stunden erhöhen.

Zubereitungszeit 15–20 Minuten

Info Jerk stammt aus Jamaika und bezeichnet sowohl das Gericht als auch die Zubereitung. Dabei werden Schwein, Huhn oder Meeresfrüchte mit der höllisch scharfen Marinade eingestrichen und in Gruben oder Fässern stundenlang über dem Schwelfeuer gegart. Das ist Barbecue pur!

Garnelen-Marinade

Zutaten für 500 g Meeresfrüchte

2 Knoblauchzehen
2 Jalapeño-Chillies
5 EL Sojasauce
6 EL Sherry

Zubereitung Knoblauch abziehen und andrücken. Jalapeño-Chillies einschneiden und die Samen entfernen. Sojasauce und Sherry verrühren und Knoblauch und das Fruchtfleisch der Chillies in die Marinade legen.

Die Marinierdauer der Garnelen hängt sehr vom eigenen Schärfewunsch ab, in der Regel reichen 1 bis 2 Stunden, um eine leichte Schärfe im Abgang zu erzielen.

Zubereitungszeit 5 Minuten

Tipp Diese Marinade ist ideal für Garnelen und Jakobsmuscheln. Man kann sie auch nachträglich, während des Grillens, aufstreichen.

Mild-würzige Lammmarinade

Zubereitung Zwiebel und Knoblauch abziehen und fein hacken. Möhre und Porree waschen, putzen und klein schneiden. Zusammen mit Rosmarin, Pfefferkörnern und Essig in 1/2 Liter Wasser aufkochen und bei schwacher Hitze ca. 5 Minuten köcheln lassen. Abkühlen und das Fleisch im Sud ca. 12 Stunden ziehen lassen.

Zubereitungszeit 15–20 Minuten

Zutaten für 1 kg Fleisch

1 Zwiebel
3 Knoblauchzehen
1 Möhre
1 Stange Porree
2 EL Rosmarin
1 EL schwarze Pfefferkörner
1/4 l Fruchtessig

Scharfe Lammmarinade

Zubereitung Knoblauch abziehen. Alle Zutaten fein pürieren und nach Bedarf abschmecken. Darin das Fleisch 5 Stunden einlegen.

Zubereitungszeit 10 Minuten

Tipp Die Marinierdauer eher kürzer als länger wählen, um einen leicht scharfen Abgang zu erzielen und das Fleisch nicht mit der Schärfe zu »erschlagen«.

Zutaten für 1 kg Fleisch

3 Knoblauchzehen
5 EL Olivenöl
4 EL Zitronensaft
1 EL Sojasauce
1/2 TL Thymian
1/2 TL Oregano
1/2 TL Lorbeerblätter
1 TL Chilipulver

Spareribs-Marinade

Zubereitung Alle Zutaten – bis auf den Saucenbinder – miteinander verrühren. Von den Spareribs vor dem Marinieren die Silberhaut auf der Knochenseite abziehen. Die Rippchen in die Marinade legen und ca. 5 Stunden marinieren. Spareribs herausnehmen und abtropfen lassen. Die Restmarinade kurz aufkochen und etwas binden. Spareribs möglichst lange indirekt grillen und 20 Minuten vor dem Servieren noch einmal mit der Marinade bestreichen.

Zubereitungszeit 10 Minuten

Zutaten für 1 kg Fleisch

400 ml passierte Tomaten
400 ml kräftige Fleischbrühe
6 EL Sojasauce
4 EL Aceto balsamico
3 EL Honig
1 TL Currypulver
1/2 TL Chilipulver
1 EL brauner Zucker
1 EL Saucenbinder

Rotwein-Marinade

Zutaten für 1 kg Fleisch

1/2 Bund glatte Petersilie
3 Knoblauchzehen
1/2 l Rotwein (trockener Landwein)
1/8 l Olivenöl
3 EL Zitronensaft
2 EL Senf
1 TL Oregano
1 TL Thymian
1 TL Rosmarin
1 TL frisch gemahlener Pfeffer

Zubereitung Petersilie waschen, trockenschwenken und grob hacken, Knoblauch abziehen und grob zerdrücken. Beides mit allen weiteren Zutaten verrühren und mehrere Stunden ziehen lassen. Das Fleisch einlegen und über Nacht an kühlem Ort marinieren.

Zubereitungszeit 10–12 Minuten
Ziehzeit mehrere Stunden

Tipp Diese Marinade macht Wild und Lamm auf angenehme Art zart und gibt ihnen einen würzigen Geschmack.

Zwiebel-Orangen-Marinade

Zutaten für 1 kg Fleisch

3 Frühlingszwiebeln
200 g Orangenmarmelade
100 ml kräftiger Weißwein
1 EL Olivenöl
1 EL Fruchtessig
2 EL Sojasauce
1/2 EL Fischsauce

Zubereitung Frühlingszwiebeln waschen, putzen und klein hacken. Marmelade langsam aufkochen. Alle anderen Zutaten zugeben und das Ganze unter Rühren kurz aufkochen. Langsam abkühlen lassen und das Fleisch darin mehrere Stunden marinieren.

Zubereitungszeit 15–18 Minuten

Tipp Diese Marinade würzt intensiv und passt zu Lamm, Huhn und Schwein. Wer mag, verwendet Bitterorangenmarmelade.

Klassische Bier-Marinade

Zutaten für 1 kg Fleisch

2 Zwiebeln
1 Knoblauchzehe
1/2 l Bier
6 EL Olivenöl
4 EL Senf
3 EL Ketchup
5 Lorbeerblätter
6 Wacholderbeeren
1 TL frisch gemahlener Pfeffer

Zubereitung Zwiebeln und Knoblauch abziehen. Zwiebeln in Ringe schneiden und den Knoblauch grob zerdrücken. Zusammen mit den anderen Zutaten verrühren und mehrere Stunden ziehen lassen. Das Fleisch einlegen und über Nacht an kühlem Ort marinieren.

Zubereitungszeit 10–15 Minuten
Ziehzeit mehrere Stunden

Tipp Der Klassiker für Nackensteaks. Da Nackensteaks in der Regel direkt gegrillt werden, sollte man sie vor dem Auflegen gut abtropfen lassen, damit nicht zu viel Fett in die Glut tropft.

Rub – Trockengewürzmischung

Zubereitung Alle Zutaten möglichst fein mahlen oder in einem Mörser zerstoßen. Gut durchmengen und trockenlagern.

Das Fleisch mehrere Stunden vor dem Grillen mit dieser Mischung kräftig einreiben.

Zubereitungszeit 10–15 Minuten

Info Rubs sind trockene Würzmischungen. Sie eignen sich vor allem als Barbecue-Marinade für Langzeitgerichte wie ganzer Schweinekamm oder Schweineschulter. Hier ist auch Salz erlaubt.

Rubs lassen sich, trocken gelagert, mehrere Monate lang aufbewahren. Insofern kann man auch gleich eine größere Menge anmischen.

Zutaten für 1 kg Fleisch

6 EL brauner Zucker
3 EL Zwiebelpulver
2 EL edelsüßes Paprikapulver
1 EL Knoblauchpulver
5 TL Senfpulver
3 TL Salz
2 TL Selleriesalz oder trockenes, gemahlenes Suppengrün
2 TL gemahlene Lorbeerblätter
2 TL gemahlener Koriander
2 TL frisch gemahlener Pfeffer
1 TL gemahlener Kreuzkümmel
1 TL getrocknetes Bohnenkraut
1 TL getrockneter Oregano
1 TL getrocknetes Basilikum
1/2 TL gemahlener Kardamom

Mango-Joghurt-Marinade

Zubereitung Mango schälen und das Fruchtfleisch vom Kern lösen. Zwiebel und Knoblauch abziehen. Ingwer schälen. Petersilie waschen und trockenschwenken. All diese Zutaten klein schneiden und mit dem Zimt unter den Joghurt mischen. Mit Salz und Pfeffer würzen. Die Marinade an einem kühlen Ort 3 Stunden durchziehen lassen. Das Fleisch einlegen und 12 Stunden marinieren.

Zubereitungszeit 10–15 Minuten
Ziehzeit 3 Stunden

Tipp Diese fruchtig herbe Marinade eignet sich bestens für Lamm und Huhn. Statt der Mango kann man auch 15 getrocknete und klein gehackte Aprikosen oder Backpflaumen verwenden.

Zutaten für 1 kg Fleisch

1 Mango
1 Zwiebel
2 Knoblauchzehen
frischer Ingwer (ca. 2 cm)
1/2 Bund frische Petersilie
1 TL gemahlener Zimt
500 g Naturjoghurt
Salz, frisch gemahlener Pfeffer

Entspann dich!

Linke Spur, 180 Sachen, zehn Meter Sicherheitsabstand. Wenn so ein Trottel aus der rechten Spur dann auch noch überholen will, wird die Lücke einfach zugefahren und die Lichthupe strapaziert – ja, auf der Autobahn will er raus, der Tiger in dir. Hupen, fluchen und genau wissen wie es richtig geht, allesamt Symptome einer großen Leidenschaft.

Die man mal besser der Frau auf dem Beifahrersitz gewidmet hätte, die braucht nämlich erstmal einen halben Tag, um sich von der Spritztour mit dem Tiger zu erholen.

Stattdessen überwiegt die Freude, jemand ausbremsen zu können – der fährt ja sowieso wie ein Anfänger. Das ist doch ein sehr billiges Vergnügen, oder?

Auch als Held der Landstraße macht sich der Tiger gut: Der Trecker vorne will überholt sein, von hinten wird das Feld aufgerollt, dritter Gang, 80 Sachen, dem Gegenverkehr entkommt man nur, weil die anderen gerade noch bremsen können. Und weiter geht's: Sieben Autos machst du auf diese Weise klar!

Hallo: Der Trecker fährt nach fünf Kilometern sowieso rechts rein und gut. Was hast du in dieser Zeit geschafft und was versäumt? Was stört es denn, jemand in die Lücke zu lassen, auch wenn er langsamer ist? Was stört es, jemand die Vorfahrt zu gewähren, auch wenn man sie hätte. Lächeln, reinlassen und gut. Wo ist das Problem?

Kaum eine Frau, der man mit einem aggressiven Fahrstil imponieren kann. Frauen lieben Männer, die entspannt sind, freundlich und großherzig – eben echte Männer.

Versuch mal, den Drehzahlmesser in der Stadt nie über 1 800 Umdrehungen kommen zu lassen. Du wirst am Anfang fast verrückt, aber hast du dich erst einmal daran gewöhnt, wird alles entspannter. Auch für deine Umgebung.

Du kommst vielleicht fünf Minuten später an dein Ziel, aber Zeit, um deine Süße mit fabelhaften Grillgerichten entspannt zu verwöhnen, wird immer sein. Mit dem Tiger allein schmeckt's nur halb so gut. Der futtert ohnehin nur Benzin.

Mit den folgenden Geflügelgerichten wirst du sicher Eindruck schinden. Denn sie sind einfach unwiderstehlich gut und sorgen für feine Abwechslung auf dem Grillgerät.

Geflügel

Drunken Chicken

Zutaten für 4 Personen

```
1 Grillhähnchen
2 EL Trockengewürzmischung (Rub, siehe Seite 49)
1 Dose Bier (0,33 Liter)
Knoblauch oder Tabasco nach Geschmack
1 Zwiebel
Außerdem: 1 Hähnchenhalter, Metzgerzwirn
```

Zubereitung

Das Grillhähnchen innen und außen kalt waschen und sorgfältig mit Küchenkrepp trockentupfen. Je nach Wunsch mit viel oder wenig trockener Gewürzmischung (Rub) innen und außen einreiben, dabei die Mischung auch vorsichtig unter die Haut reiben.

Die Bierdose aufreißen und einen kleinen Schluck trinken. Nach Wunsch eine abgezogene Knoblauchzehe, ein paar Spritzer Tabascosauce oder andere Gewürze in die Bierdose geben.

Das Bier in den Halter stellen und das Hähnchen über die Dose stülpen. Die obere Öffnung des Körpers zunähen oder mit einer abgezogenen Zwiebel verschließen. Das Hähnchen indirekt bei 150 °C bis 180 °C bei geschlossenem Deckel in 1,5 bis 2 Stunden grillen.

Zubereitungszeit 10 Minuten plus Garzeit

Das Rezeptfoto findest du auf Seite 51

Tipp Durch das allmählich verdunstende Bier wird das Fleisch außergewöhnlich zart, saftig und aromatisch.
Der Hähnchenhalter ist im Fachhandel und im Internet erhältlich, und durchaus ein witziges Geschenk für Grillfreaks.

Bunte Hähnchenspieße

Zutaten für 4 Personen

4 Hähnchenbrustfilets
8 Scheiben Bacon
2 Paprikaschoten (rot/grün)
2 Zwiebeln
6 Stängel glatte Petersilie
2 EL Weißkäse nach Fetaart
Außerdem: 4–6 Grillspieße

Zubereitung

Hähnchenbrustfilets kalt waschen, mit Küchenkrepp trockentupfen und in 2,5 Zentimeter große Würfel schneiden. Jedes Filet um eine Achse mit Bacon umwickeln, jedoch nicht vollständig umhüllen.

Paprikaschoten waschen, putzen und das Fruchtfleisch in 3 Zentimeter große Stücke schneiden. Zwiebeln abziehen und vierteln. Aus den Zwiebelvierteln die Schalen einzeln auslösen und die auswählen, welche in ihrer Größe zu den Fleischstücken passen.

Petersilie waschen, trockenschwenken und fein hacken. Den Käse mit einer Gabel zerkrümeln und die Petersilie untermischen. Von dieser Masse reichlich in die Innenseite der Zwiebelschalen drücken.

Abwechselnd Paprikastücke, Zwiebel (Öffnung zum Fleisch) und Fleisch (Bacon zeigt nach außen) auf die Spieße ziehen. Mit Paprikastücken abschließen, damit eine symmetrische Optik entsteht.

Die Spieße bei geschlossenem Deckel 15 bis 20 Minuten indirekt grillen.

Zubereitungszeit 25–30 Minuten plus Garzeit

Tipp Die Hähnchenspieße gelingen unter mehrmaligem Wenden durchaus auch bei direkter Grillmethode. Dann jedoch die Grillzeit reduzieren.

Entenbrust gefüllt mit Mangold und Pilzen

Zutaten für 4–6 Personen

4 große Entenbrüste
10 Blätter Mangold
100 g Austernpilze (alternativ Champignons)
1/2 Zwiebel
1/2 Knoblauchzehe
150 g Crème fraîche
2 EL Pizzakäse
1/2 TL frisch geriebene Muskatnuss
Pfeffer, Salz
Außerdem: Metzgerzwirn oder Rouladennadeln

Zubereitung

Entenbrüste kalt waschen und mit Küchenkrepp trockentupfen. Auf jeder Brust die Hautseite im Zentimeterabstand rautenförmig einschneiden. Je eine Längsseite so tief und breit einschneiden, dass sich eine komfortable Tasche bildet.

Mangold waschen, abtropfen lassen, Pilze putzen und beides grob hacken. Zwiebel und Knoblauch abziehen und sehr fein hacken. Diese vier Zutaten mit Crème fraîche, Käse und Muskatnuss durchmischen, mit Pfeffer und Salz würzen.

Die Würzmasse so in die Taschen der Entenbrüste füllen, dass sie nicht austritt. Mit Zwirn zunähen oder mit Rouladennadeln zustecken.

Die Oberseite der Entenbrüste kräftig anbraten, bis sich eine deutliche Bräunung zeigt. Danach bei ca. 160 °C und geschlossenem Deckel 40 bis 60 Minuten (je nach Größe und tatsächlicher Temperatur) indirekt grillen.

Zubereitungszeit 20–25 Minuten plus Garzeit

Tipp Abschließend mit Calvados flambieren: grandios!

Putenbrust »Lo Sbarco«

Zutaten für 4 Personen

4 Putenbrustfilets (3-4 cm stark)
150 g Büffelmozzarella
12 getrocknete Tomaten in Öl
16 große Blätter Basilikum
Außerdem: Zahnstocher

Zubereitung

Putenfilets kalt waschen und mit Küchenkrepp trockentupfen. Mit einem spitzen, scharfen Messer an den Längsseiten komfortable Taschen einschneiden.

Den Käse in Scheiben schneiden. Das Fleisch mit Tomaten, Basilikum und Mozzarella füllen und die Öffnungen mit Zahnstochern verschließen. Bei ca. 160 °C und geschlossenem Deckel 15 bis 20 Minuten indirekt grillen.

Zubereitungszeit 10–15 Minuten plus Garzeit

Tipp Spargel vom Grill (siehe Seite 100) passt wunderbar zu diesem Sommergericht.

Dank an Pietro, für die unvergesslich schönen Tage in Balestrate/Sizilien und die Erfahrungen, die wir in seiner Restaurantküche sammeln durften!

Satéspieße

Zutaten für 4 Personen

700 g Hähnchenbrustfilet
15 Blätter Minze
100 ml Kokosmilch
2 EL Sojasauce
2 EL Fischsauce
1 TL gemahlener Koriander
1 TL gemahlener Kreuzkümmel
1 TL gemahlener Ingwer
2 EL Honig
5 EL Limettensaft
Chiliflocken
Außerdem: 16 lange Bambusspieße

Zubereitung

Die Bambusspieße in kaltes Wasser legen und 2 Stunden einweichen lassen.

Die Hähnchenbrustfilets kalt waschen, mit Küchenkrepp trockentupfen und in 1 Zentimeter große Würfel schneiden.

Die Minzeblätter in einem Mörser fein zerreiben und mit allen übrigen Zutaten vermischen. Das Fleisch darin 1 Stunde marinieren.

Die Fleischwürfel aus der Marinade nehmen, abtropfen lassen und jeweils vier auf einen Spieß ziehen. Die Spieße bei starker Hitze von allen Seiten ca. 4 Minuten direkt grillen. Dabei die Spießenden über den Rand des Grills legen, damit sie nicht verbrennen.

Vorab Bambusspieße 2 Stunden wässern
Zubereitung 15 Minuten plus Garzeit
Marinierzeit 1 Stunde

Tipp Satéspieße gelingen auch vorzüglich mit Rind und Lamm. Die Bambusspieße gut wässern, damit sie nicht verbrennen!

Piri-Piri-Hähnchenflügel

Zutaten für 4 Personen

1 kg Hähnchenflügel
3 EL Sojasauce
3 EL Fruchtessig
3 EL Olivenöl
2 TL gemahlener Koriander
1 TL Kardamom
1 TL gemahlener Kreuzkümmel
2 TL gemahlener Ingwer
10 Blätter Minze, fein gemörsert
5 Stängel glatte Petersilie
2 Frühlingszwiebeln
3 Knoblauchzehen
5 EL Limettensaft
Chiliflocken
Außerdem: Backpinsel

Zubereitung

Die Hähnchenflügel kalt waschen und mit Küchenkrepp trockentupfen. Die übrigen Zutaten miteinander sehr fein pürieren. Das Fleisch damit bedecken und 8 bis 10 Stunden (gern auch länger!) marinieren.

Die Flügel aus der Marinade nehmen und mit der Haut nach oben bei geschlossenem Deckel und 160 °C ca. 60 Minuten indirekt grillen. Dabei zwei- bis dreimal mit der Marinade bestreichen.

Sollte die Haut nicht kross genug sein, die Flügel abschließend noch einmal kurz direkt über die Glut legen.

Zubereitungszeit 15–20 Minuten plus Garzeit
Marinierzeit 8–10 Stunden

Info Piri-Piri ist die portugiesische Bezeichnung für scharfe Chilischoten.

Tipp Wer es etwas milder mag, kann der Marinade 1 bis 2 Esslöffel Honig beimischen.

Fruchtige Entenbrust

Zutaten für 4 Personen

4 Entenbrüste
1 l Orangensaft
1 Granatapfel
Fruchtfleisch von 1/2 Mango
100 g Weißkäse nach Fetaart

Zubereitung

Entenbrüste kalt waschen und mit Küchenkrepp trockentupfen. Die Hautseite im Zentimeterabstand rautenförmig einschneiden. Jede Entenbrust an einer Längsseite so tief und breit einschneiden, dass eine komfortable Tasche entsteht. Das Fleisch in einer Form mit dem Orangensaft bedecken und 4 Stunden marinieren.

Den Granatapfel aufschneiden, die Kerne herauslösen und in eine Schüssel geben. Das Fruchtfleisch der Mango und den Käse zugeben und alles zusammen sehr fein pürieren.

Die Entenbrüste aus dem Saft nehmen, abtropfen lassen und die Füllung in die Taschen streichen. Da die Masse sehr geschmacksintensiv ist, sollte sie nicht zu dick aufgetragen werden.

Die Oberseite der Entenbrüste kräftig anbraten, bis sich eine deutliche Bräunung zeigt. Danach bei ca. 160 °C und geschlossenem Deckel 40 bis 60 Minuten (je nach Größe und tatsächlicher Temperatur) indirekt grillen.

Zubereitungszeit 20–25 Minuten plus Garzeit
Marinierzeit 4 Stunden

Tipp Wem Weißkäse zu intensiv ist, kann stattdessen Crème fraîche oder Mozzarella in Scheiben auf die Fruchtmasse in den Taschen geben.
Statt Granatapfelkernen kann man auch das Fruchtfleisch einer rosa Grapefruit verwenden.

Fruchtige Putenrouladen

Zutaten für 4 Personen

4 große Putenschnitzel (möglichst flach geschnitten)
8 Scheiben Bacon (fest in der Struktur)
1 Zwiebel
1 rote Grapefruit
Fruchtfleisch von 1/2 Mango
100 g Crème fraîche
3 EL Olivenöl
Außerdem: Zahnstocher

Zubereitung

Putenschnitzel kalt waschen und mit Küchenkrepp trockentupfen. Je zwei Scheiben Bacon nebeneinander auslegen und je ein Schnitzel flach darauflegen.

Die Zwiebel abziehen und fein hacken. Die Grapefruit schälen und die Fruchtfilets auslösen. Das Fruchtfleisch der Mango grob schneiden. Zwiebel, Grapefruit, Mango, Crème fraîche und Öl miteinander fein pürieren.

Die Fruchtmasse auf die Schnitzel streichen. Die Putenschnitzel mit dem Bacon fest, aber nicht stramm aufrollen und die Enden mit Zahnstochern fixieren.

Rouladen bei geschlossenem Deckel und 160 °C 25 bis 30 Minuten indirekt grillen.

Zubereitungszeit 15–20 Minuten plus Garzeit

Tipp Heiße Bruschetta passt vorzüglich zu diesen fruchtig-leichten Rouladen; dazu Ciabatta-Scheiben mit Knoblauch einreiben, mit Olivenöl beträufeln und mit gewürzten Würfelchen aus Tomaten und Frühlingszwiebeln besetzen. Unter mehrmaligem Wenden gelingen die Putenrouladen bei milder Hitze auch über direkter Glut.

Putenrouladen mit Blattspinat

Zutaten für 4 Personen

300 g TK-Blattspinat
1/2 Zwiebel
4 große Putenschnitzel (möglichst flach geschnitten)
8 Scheiben Bacon (fest in der Struktur)
150 g Crème fraîche
1/2 TL frisch geriebene Muskatnuss
1/2 TL frisch gemahlener Pfeffer
Außerdem: Zahnstocher

Zubereitung

Den Spinat auftauen lassen. Zwiebel abziehen und fein hacken.

Putenschnitzel kalt waschen und mit Küchenkrepp trockentupfen. Je zwei Scheiben Bacon nebeneinander auslegen und je ein Schnitzel flach darauflegen. Die Putenschnitzel mit Crème fraîche bestreichen, die Zwiebeln darauf verteilen und mit Muskatnuss und Pfeffer würzen.

Den Spinat gut abtropfen lassen und dünn auf die vorbereiteten Schnitzel legen. Putenschnitzel mit dem Bacon fest, aber nicht stramm aufrollen und die Enden mit Zahnstochern fixieren.

Die gefüllten Putenrouladen bei geschlossenem Deckel und 160 °C 25 bis 30 Minuten indirekt grillen.

Zubereitungszeit 15–20 Minuten plus Garzeit

Tipp Dazu passt ein frischer, würzig angemachter Feldsalat. Unter mehrmaligem Wenden gelingt das Gericht bei milder Hitze auch über direkter Glut.

Putensteaks mit süß-saurem Weißkraut

Zutaten für 4 Personen

1 kleiner Weißkohl
1 Zwiebel
1 Knoblauchzehe
2 EL Olivenöl
2 EL mittelscharfer Senf
2 EL Weißweinessig
2 EL Ahornsirup
frisch gemahlener Pfeffer, Salz
4 Scheiben frisches Bauernbrot
4 große Putensteaks

Zubereitung

Den Weißkohl putzen und die äußeren harten Blätter entfernen. Die weichen Blätter des Kohls sehr fein schneiden oder mit einer Küchenmaschine zerkleinern. Zwiebel abziehen und sehr klein schneiden. Knoblauch abziehen und durch eine Knoblauchpresse drücken.

Olivenöl in einer Pfanne erhitzen. Kohl, Zwiebeln und Knoblauch hinzugeben und 5 Minuten anbraten. Senf, Essig und Sirup dazu geben und unter Rühren 10 Minuten köcheln lassen, bis die Flüssigkeit verdunstet ist. Mit Pfeffer und Salz würzen und noch weitere 10 Minuten bei schwacher Hitze ziehen lassen.

In der Zwischenzeit die Brotscheiben auf Teller legen. Die Putensteaks kalt waschen und mit Küchenkrepp trockentupfen.

Die Putensteaks ohne zu würzen auf den heißen Grill legen. Nach 1 Minute um 90 Grad drehen, um ein schönes Brandmuster zu bekommen und nochmals 1 Minute grillen. Die Steaks wenden und den Vorgang wiederholen.

Die gegrillten Steaks auf das Brot legen und mit dem warmen Kraut bedecken.

Zubereitungszeit 30–35 Minuten plus Garzeit

Tipp Dazu passt ein spritzig-frischer Weißwein wunderbar.

Ganze Gans vom Grill

Zubereitung

Den Grill mit 20 bis 24 Briketts anheizen, die sich zu gleichen Teilen an den Seiten der Feuerwanne gegenüber liegen. Die Temperatur so einpegeln, dass sie konstant bei ca. 160 °C liegt. In die Mitte zwischen die Glut eine Aluschale oder Auflaufform stellen und mit etwas Wasser füllen.

Die Gans außen und innen kalt waschen und mit Küchenkrepp gut trockentupfen. Gegebenenfalls letzte Federkiele entfernen. Innen und außen mit Pfeffer und Salz, die Haut mit Honig einreiben. Um die Keulen gut durchzugaren, kann man sie mit Metallspießen und etwas Draht auseinanderspreizen.

Die Gans mit dem Rücken nach oben auf den Rost legen, Deckel schließen und den Weihnachtsbaum aufstellen.

Sofern der Grill es technisch zulässt, mehrmals das in die Wanne getropfte Fett über die Gans schöpfen. Wenn das nicht geht, die Gans mehrmals mit flüssiger Butter und einem Backpinsel einfetten. Diesen Vorgang zügig erledigen, damit nicht so viel Hitze verloren geht. Bei Bedarf eine Handvoll Briketts nachfüllen. Nach 4 bis 5 Stunden sollte die Gans fertig sein.

Zubereitungszeit 20–25 Minuten plus Garzeit

Zutaten für 6–8 Personen

1 Gans (ausgenommen, ohne Hals)
frisch gemahlener Pfeffer, Salz
1 EL Honig
Butter nach Bedarf
Außerdem: Metallspieße, Draht, Backpinsel

Tipp Dieses Gericht beweist, dass der Grill ein universelles Ganzjahresgerät ist. Allerdings gelingt die Gans so nur wirklich richtig gut auf einem großen Kugel- oder Haubengrill bzw. im Smoker.

Die genaue Garzeit hängt sehr vom Gewicht des Tieres, der Grilltemperatur und ein bisschen auch vom Gerät ab. In jedem Fall sollte man ein Bratenthermometer verwenden. Bei einer Kerntemperatur zwischen 75 °C und 80 °C ist das Fleisch der Gans zart und rosa, bei 90 °C voll durchgegart.

Wer das Fleisch im Geschmack etwas rauchig mag, kann in der letzten Stunde des Grillens eine Handvoll gewässerte Buchenholzspäne auf die Glut werfen.

Wenn man sauber gearbeitet hat, befindet sich in der Wanne reines Gänsefett, das man mit Beifuß und etwas Orangensaft zu einer herrlichen Sauce verarbeiten kann. Dazu selbst gemachte Klöße und Rotkohl: köstlich!

Basilikum-Tomaten-Hähnchen

Zutaten für 4 Personen

4 große Hähnchenbrustfilets
1 Knoblauchzehe
30 Blätter Basilikum
1 EL Olivenöl
1 EL Limettensaft
Zitronenpfeffer

Zubereitung

Die Hähnchenbrüste kalt waschen, mit Küchenkrepp trockentupfen und auf einen großen Teller legen. Die Hautseiten im Zentimeterabstand rautenförmig ca. 1 Zentimeter tief einschneiden.

Knoblauch abziehen. Knoblauch, Basilikum, Öl, Limettensaft und Zitronenpfeffer grob pürieren und die Masse mit einem Teelöffel in die Einschnitte des Filets füllen. Das Fleisch abdecken und an einem kühlen Ort 3 Stunden ziehen lassen.

Die marinierten Hähnchenfilets aus der Marinade nehmen, abtropfen lassen und bei geschlossenem Deckel und 160 °C ca. 25 Minuten indirekt grillen.

Zubereitungszeit 10–15 Minuten plus Garzeit
Marinierzeit 3 Stunden

Tipp Ein Salat aus sonnengereiften Tomaten, Zwiebeln und Aceto balsamico passt dazu hervorragend.
Bei direkter Grillmethode nur mit milder Hitze arbeiten. Nacheinander zuerst die Unter- und dann die Oberseiten fertig grillen.

Saucen & Dips

Limettendip mit Sprossen

Zutaten für 6 Personen

1 kleine Frühlingszwiebel
1 Bund Kerbel
50 g Alfalfasprossen
Saft von 1 Limette
50 ml Salatcreme
100 ml Naturjoghurt
1 Limette

Zubereitung Frühlingszwiebel waschen, putzen und sehr fein hacken. Kerbel waschen, trockenschwenken und zwei Drittel sehr fein hacken. Sprossen grob schneiden und alles zusammen mit Limettensaft, Salatcreme und Joghurt vermengen. Die Limette waschen, in Scheiben schneiden, den restlichen Kerbel grob hacken und den Dip mit beidem garnieren.

Zubereitungszeit 15 Minuten

Tipp Passt ausgezeichnet zu Lamm oder auch als Dip zu Kräckern, Möhren, Paprika oder Sellerie. Alfalfa ist auch unter dem Namen Luzerne bekannt.

Chili-Schalotten-Sauce

Zutaten für 6 Personen

500 g Schalotten
3 EL Olivenöl
3 EL Rohrzucker
1 EL Tomatenmark
3 EL Madeira
3 EL dunkler Aceto balsamico
4 EL Chilisauce
1 EL Sesamöl

Zubereitung Schalotten abziehen, längs vierteln und im Olivenöl 5 Minuten glasig dünsten. Rohrzucker und Tomatenmark unterrühren und leicht anschwitzen. Mit Madeira und Aceto balsamico ablöschen, abgedeckt 20 Minuten köcheln lassen. Chilisauce dazugeben und nochmals 10 Minuten köcheln lassen. Abkühlen lassen. Schalotten entfernen, Sesamöl unterrühren und kalt servieren.

Zubereitungszeit 50 Minuten

Tipp Diese deftige Sauce zu kräftigem Fleisch, beispielsweise Rind, Lamm und Strauß, servieren.

Preiselbeersauce

Zutaten für 6 Personen

1 Bund Schnittlauch
2 Knoblauchzehen
300 ml Preiselbeerkonfitüre
2 EL Senf

Zubereitung Schnittlauch waschen und in ganz feine Röllchen schneiden. Knoblauch abziehen und sehr fein hacken. Konfitüre und Senf miteinander verrühren. Schnittlauch und Knoblauch unterrühren.

Zubereitungszeit 10 Minuten

Tipp Süß und deftig, eine ungewöhnliche Kombination, die aber ausgezeichnet zu Wild und Lamm passt.

BBQ-Sauce

Zubereitung Zwiebel und Knoblauch abziehen, Paprikaschote waschen, putzen und alles sehr fein hacken. Das Öl bei schwacher Hitze erwärmen und Zwiebel, Knoblauch und Paprika darin anschwitzen. Alle anderen Zutaten hinzufügen und ca. 20 Minuten köcheln lassen. Falls die Sauce zu dick wird, etwas Wasser angießen. Deftig abschmecken.

Zubereitungszeit 35–40 Minuten

Tipp Passt zu allen Fleischarten oder auch zum Marinieren und Glasieren von Spareribs.

Die nicht minder leckere Schnellvariante dieser Sauce besteht nur aus Senf, Tomaten, Sirup und Essig. Die Mengen jeweils verdreifachen und kurz anköcheln. Mit Salz und Pfeffer oder Chiliflocken würzen.

Zutaten für 6 Personen

1 Zwiebel
1 Knoblauchzehe
1/2 grüne Paprikaschote
2 EL Olivenöl
5 EL Ketchup
5 EL passierte Tomaten
3 EL Fruchtessig
2 EL Sojasauce
3 EL Zitronensaft
3 EL Ananassaft
3 EL Ahornsirup
2 EL mittelscharfer Senf
Chiliflocken
Salz, Pfeffer

Avocadocreme

Zubereitung Die Avocado halbieren, den Kern entfernen und das Fruchtfleisch auslösen. Tomate waschen und grob schneiden. Beides zusammen mit Olivenöl und Zitronensaft cremig pürieren. Mit Salz und Pfeffer würzen.

Zubereitungszeit 10 Minuten

Tipp Diese Grundsubstanz kann so bereits verwendet werden. Je nach Geschmack können auch Dill, Petersilie, Knoblauch oder Frischkäse mitpüriert werden. Den Pfeffer kann man durch Chili ersetzen.

Zutaten für 4–6 Personen

1 reife Avocado
1 Tomate
1 TL Olivenöl
1 TL Zitronensaft
Salz, Pfeffer

Basilikumpesto

Zubereitung Knoblauch abziehen. Basilikum waschen, trockentupfen und klein schneiden. Knoblauch, Pinienkerne und etwas Salz zusammen mit etwas Olivenöl pürieren. Basilikum zugeben und weiter pürieren. Parmesan unterrühren. Mit Salz und Pfeffer würzen.

Zubereitungszeit 10 Minuten

Tipp Passt zu dunklem Fleisch, aber auch zu geröstetem Brot und Tomaten mit Mozzarella.

Zutaten für 4–6 Personen

2 Knoblauchzehen
100 g Blätter Basilikum
80 g Pinienkerne
Salz
Olivenöl
2 EL frisch geriebener Parmesan
Salz, Pfeffer

Senf-Orangen-Sauce

Zutaten für 6 Personen

1 Eigelb
1 TL feiner Senf
1 EL Zitronensaft
Salz
100 ml Öl
100 ml Orangensaft
125 g Sahne
2 EL körniger Senf
abgeriebene Orangenschale
(unbehandelt)
Pfeffer
1/2 EL Ahornsirup
4 getrocknete Tomaten in Öl

Zubereitung Eigelb, feinen Senf, Zitronensaft und etwas Salz miteinander verrühren. Vorsichtig, aber zügig das Öl unterschlagen, bis die Mayonnaise cremig ist. Orangensaft und Sahne vorsichtig unterschlagen. Körnigen Senf und etwas Orangenschale unterrühren. Mit Salz, Pfeffer und Ahornsirup abschmecken. Tomaten fein würfeln und unterrühren.

Zubereitungszeit 20–25 Minuten

Tipp Diese Sauce passt hervorragend zu Geflügel jeder Art und Zubereitung. Sie eignet sich aber auch zum Dippen mit Brot.

Bananen-Curry-Dip

Zutaten für 6 Personen

1 Banane
150 g Naturjoghurt
100 g Salatcreme
Salz
2 EL Currypulver
2 EL Zitronensaft

Zubereitung Banane schälen, fein pürieren und mit Joghurt und Salatcreme cremig schlagen. Mit Salz, Curry und Zitronensaft würzen.

Zubereitungszeit 10 Minuten

Tipp Fein, mild und würzig, passt dieser Dip zu Lamm und Geflügel. Wer es schärfer mag, kann mit einigen Chiliflocken nachhelfen.

Spundekäs

Zutaten für 6 Personen

1 Zwiebel
125 g Butter
1 EL Kapern
1 TL Senf
1 EL Paprikapulver
1 TL Kümmelpulver
Salz, Pfeffer
200 g Doppelrahm-frischkäse
250 g Sahnequark

Zubereitung Zwiebel abziehen und klein würfeln. Butter schaumig rühren. Zwiebel, Kapern, Senf, Paprika- und Kümmelpulver unterrühren. Mit Salz und Pfeffer abschmecken. Frischkäse und Sahnequark unterheben. Die Masse an einem kühlen Ort gut durchziehen lassen.

Zubereitungszeit 15 Minuten

Tipp Schmand, Crème fraîche, fein gehackte frische Kräuter, frisch gepresster Knoblauch oder – wie es meine Schwägerin Ilona aus Rüdesheim macht – klein gewürfelte Gewürzgurken und deren Sud passen ebenfalls hervorragend in diese Masse. Das ist natürlich ein Kalorienkracher, der jedoch ausgezeichnet zu jeglichem Fleisch und zu Gemüse passt, aber auch auf geröstetem Brot schmeckt. Dazu ein frischer Weißwein, was braucht man mehr, um einen Tag glücklich zu beenden?!

Chimichurri

Zubereitung Tomaten mit kochendem Wasser überbrühen, häuten und klein schneiden. Paprikaschote und Möhre waschen und putzen, Zwiebeln und Knoblauch abziehen und alles sehr fein hacken. Petersilie waschen, trockenschwenken und fein hacken.

Etwas Öl erhitzen und Zwiebel, Knoblauch, Paprika, Möhre und Tomaten darin bei mittlerer Hitze leicht anbraten.

Petersilie, Kapern, Essig, Fischsauce, Brühe, Oregano, Cayennepfeffer, Pfeffer, Salz und das restliche Öl miteinander vermischen. Das Gemüse unterrühren und mindestens 3 Stunden durchziehen lassen.

Die Masse fein pürieren und an kühlem Ort durchziehen lassen.

Zubereitungszeit 40 Minuten
Ziehzeit 4 Stunden

Tipp Diese kräftige Würzpaste schmeckt einfach zu allem: Fleisch, Fisch und Brot. Wer mag, kann auch noch Pinienkerne, Sesamsamen oder Kürbiskerne mitpürieren. Erhöht man den Anteil der flüssigen Zutaten, eignet sich Chimichurri auch hervorragend zum Marinieren von Fleisch.

Zutaten für 6 Personen

2 Tomaten
1 rote Paprikaschote
1 kleine Möhre
2 Zwiebeln
3 Knoblauchzehen
1 Bund glatte Petersilie
4 EL Olivenöl
1 EL Kapern
2 EL Weinessig
1 EL Fischsauce
2 EL Gemüse- oder Hühnerbrühe
1 EL Oregano
1 TL Cayennepfeffer
1 TL Salz
1 EL frisch gemahlener Pfeffer

Aprikosen-Pfirsich-Pesto

Zubereitung Ingwer schälen und fein reiben. Zwiebel und Knoblauch abziehen und fein hacken. Chilischote fein hacken.

Pfirsiche und Aprikosen mit dem Zitronensaft pürieren. Das Öl erhitzen und Zwiebel, Knoblauch, Ingwer und Chilistücke darin 5 Minuten andünsten. Das pürierte Obst sowie Honig, Sojasauce, Tomatenmark, Pfeffer und Salz unterrühren und ca. 20 Minuten einköcheln lassen. Abkühlen lassen.

Zubereitungszeit 40 Minuten

Tipp Passt zu Geflügel, Lamm, Gemüse und Meeresfrüchten. Süß-sauer-scharf, eine Kombination, die man auch sonst viel öfter einsetzen sollte. Bei der Verwendung von frischen Früchten sollte der Honiganteil etwas erhöht werden. Der Honig lässt sich auch austauschen durch Ahornsirup und die Früchte durch reife Mango. Interessant ist auch die dezente Beimengung von Pecorino.

Zutaten für 6 Personen

frischer Ingwer (2-3 cm)
1 Zwiebel
1 Knoblauchzehe
1 mittelgroße Chilischote
200 g Pfirsiche (Dose)
200 g Aprikosen (Dose)
3 EL Zitronensaft
2 EL Öl
1 EL Honig
2 EL Sojasauce
1 EL Tomatenmark
Pfeffer, Salz

Sei großzügig

Wenn wir ganz ehrlich sind, dreht sich doch bei uns Männern alles um die Frauen, besser gesagt: um »die« Frau. Die richtige Frau ist unsere tiefe Sehnsucht, und wenn wir sie gefunden haben, ist alles gut. Dennoch tut man sich mitunter verdammt schwer, sie zu finden: Mann versucht zu imponieren und zu beeindrucken, wirft sich in Schale und versucht, sich in jeglicher Form aufzuwerten.

Warum eigentlich? Frauen sind aufmerksam und haben gute Instinkte. Sie haben den Röntgenblick und merken ganz schnell, was hinter der Fassade steckt. Die ist also weder nötig, noch hilft sie wirklich weiter.

Geld und Macht sollen erotisch sein. Das mag stimmen. Aber wie lange hält diese Erotik vor? Wie lange macht es wertvoll, dass man Executive-Manager ist, in Florida surfen geht und ein SL-Cabrio fährt. Wenn das alles ist, was man vorzuweisen hat, wird Frau nicht überzeugt.

Frauen lieben die alltägliche Großherzigkeit. Und damit ist nicht Verschwendung und Rumprotzen gemeint, sondern eine offene Natürlichkeit. Denn »die« Frau merkt sofort, dass du dir dabei keine Gedanken gemacht hast! Sei großzügig, aber bescheiden!

Was das heißt? Es ist nicht die super Cocktailbar oder das erste Restaurant am Platz, womit man wirklich punktet. Hast du zugehört, was sie wirklich mag?

Such dir ein hübsches Fleckchen in der Natur und versuch es damit:

Eine Decke, eine Flasche Wein (höre vorher zu, was sie mag), zwei Gläser (und ein Handtuch zum Nachpolieren), Teller, Besteck, Servietten, einen Grill und etwas Kohle (im Grunde reicht aber auch ein Rost, denn Steine zum Darunterlegen und trockenes Holz findest du sicher vor Ort) und natürlich etwas Hübsches zum Grillieren. Zum Beispiel ein paar Garnelenspieße, leicht scharf mariniert und vor dem Verzehr mit Limettensaft aromatisiert. Dazu ein frisches Weißbrot, fertig ist das Programm.

Warum ist das anders? Du hast es nicht gekauft, sondern selbst gemacht und zwar für sie. Selbst wenn es dir nicht so gelingt wie im Restaurant, ist der Erfolg ungleich größer!

Aber damit es doch gelingt, folgen nun echt verführerische Rezepte für sie. Und für dich.

Fisch & Co.

Mit Couscous gefüllte Kalmare

Zutaten für 4 Personen

1 Packung Couscous (300 g)
500 g Kalmare
1/2 rote Paprikaschote
1 Knoblauchzehe
4 Stängel glatte Petersilie
4 EL Olivenöl
1 EL Limettensaft
1/2 TL gemahlener Koriander
Pfeffer, Salz
Außerdem: Zahnstocher

Zubereitung

Couscous nach Packungsangabe zubereiten und auskühlen lassen.

Die Kalmare kalt waschen und mit Küchenkrepp trockentupfen. Kalkblättchen und Tintenbeutel entfernen. Die Tentakeln abtrennen. Die Körper bis zur Weiterverwendung kühl stellen.

Paprikaschote waschen, putzen und grob stückeln. Knoblauch abziehen und grob hacken. Petersilie waschen und trockenschwenken. Gemeinsam mit Öl, Limettensaft, Koriander, Pfeffer, Salz und den Tentakelteilen grob pürieren. Die Masse unter den Couscous mischen und 1 Stunde ruhen lassen.

Die Kalmare mit der Masse gut füllen, aber nicht zu sehr stopfen. Je nach Bindigkeit der Füllmasse die Öffnungen mit einem Zahnstocher verschließen. Die gefüllten Kalmare bei geschlossenem Deckel 15 bis 20 Minuten indirekt grillen.

Zubereitungszeit 25–30 Minuten plus Garzeit
Ruhezeit 1 Stunde

Das Rezeptfoto findest du auf Seite 73

Tipp Das Gericht gelingt durchaus auch bei direkter Grillmethode. Dem Couscous kann man etwas Paniermehl beimischen, um die Bindung der Masse zu erhöhen. Mit etwas Charme erledigt das Vorbereiten der Kalmare auch bereits der Fischverkäufer.

Garnelen und Jakobsmuscheln vom Grill

Zutaten für 4 Personen

8 Garnelen (mindestens 6 cm lang, geschält, ohne Darm)
4 Jakobsmuscheln (Nüsschen)
2 Knoblauchzehen
5 EL Olivenöl
1 TL frisch gehacktes Koriandergrün
frisch gemahlener Pfeffer
2 Limetten
Außerdem: kleine Bambusspieße

Zubereitung

Die Bambusspieße in kaltes Wasser legen und 2 Stunden einweichen lassen.

Garnelen und Jakobsmuscheln kalt waschen und mit Küchenkrepp trockentupfen. Knoblauch abziehen und sehr fein pressen. Aus Öl, Knoblauch, Koriandergrün und etwas Pfeffer eine Marinade anrühren. Garnelen und Jakobsmuscheln in die Marinade legen und 5 Stunden ziehen lassen.

Garnelen und Muscheln aus der Marinade nehmen, gut abtropfen lassen und die Reste des Korianders und Knoblauchs entfernen. Garnelen und Muscheln separat auf Bambusspieße ziehen.

Die Spieße entweder bei kräftiger Hitze und geschlossenem Deckel 12 Minuten indirekt oder bei milder Hitze 6 bis 8 Minuten direkt grillen. Dabei aus den frisch aufgeschnittenen Limetten zwei- bis dreimal Saft auf die Meeresfrüchte spritzen.

Vorab Bambusspieße 2 Stunden wässern
Zubereitungszeit 15–20 Minuten plus Garzeit
Marinierzeit 5 Stunden

Tipp Selbstverständlich kann man auch Muscheln und Garnelen gemeinsam auf den Spieß ziehen, allerdings sind dann die feinen Einzelgeschmäcker separat nicht wahrnehmbar.

Eine angenehm frische Ergänzung sind leicht eingeölte Cherrytomaten, die mit den Muscheln und Garnelen auf die Spieße gezogen werden.

Von den oft üblichen Dips oder Saucen ist entschieden abzuraten, denn sie überlagern den feinen Geschmack der Meeresfrüchte, ohne ihn zu verbessern.

Barramundi mit Senf-Limetten-Dip

Zutaten für 4 Personen

2 EL mittelscharfer Senf
150 g Salatcreme
1 TL Sojasauce
1 EL Olivenöl
1 TL Thymian
2 Limetten
600–800 g Barramundifilets
frisch gemahlener Pfeffer

Zubereitung

Für den Dip Senf, Salatcreme, Sojasauce, Öl, Thymian und den Saft einer Limette zu einer glatten Sauce verrühren.

Die Barramundifilets kalt waschen und mit Küchenkrepp trockentupfen. Die Filets pfeffern und von beiden Seiten kurz, direkt und heiß anbraten. Dabei mehrfach mit dem Saft der zweiten Limette bespritzen.

Den Fisch in Portionsstücke teilen und mit dem Senf-Limetten-Dip servieren.

Zubereitungszeit 10–12 Minuten plus Garzeit

Tipp Dies ist ein leckeres Zwischengericht, zu dem hervorragend das Rosmarinbrot von Seite 94 passt.
Den Barramundi kann man auch sanft auf Zedernholzbrettern zubereiten, die man zuvor 2 Stunden gewässert hat.

Pangasiusfilet mit Obst

Zutaten für 4 Personen

4 Pangasiusfilets
2 Kiwis
1/2 Apfel
4 Erdbeeren
2 EL Olivenöl
Chiliflocken
Außerdem: Aluminiumfolie

Zubereitung

Die Pangasiusfilets kalt waschen und mit Küchenkrepp trockentupfen. Kiwis und Apfel schälen, Erdbeeren waschen und putzen. Alle Früchte fein schneiden oder raspeln.

4 Stück Aluminiumfolie zu je 30 Zentimeter Länge ausbreiten und die Fischfilets jeweils mittig auflegen. Mit Öl beträufeln. Chiliflocken aufstreuen, doch Vorsicht: Nicht zu viel verwenden, denn die Schärfe sollte nicht vorherrschen, sondern nur leicht im Abgang zu spüren sein.

Die Früchte auf die Fischfilets legen und die Folien so falten, dass sie dicht verschlossen sind. Bei milder Hitze direkt oder indirekt 5 bis 8 Minuten durchgaren.

Zubereitungszeit 15–20 Minuten plus Garzeit

Tipp Natürlich kann man auch andere, möglichst milde Früchte wie Pfirsich, Aprikose, Mango oder Himbeere verwenden.
Dazu passen hervorragend Kartoffeln im Baconmantel. Dazu einfach gegarte Kartoffeln mit Baconscheiben umwickeln und ein paar Minuten indirekt mitgrillen.

Lachs, gegrillt auf Zedernholzplanken

Zutaten für 4 Personen

4 Stücke Wildlachs (à 150-200 g)
1 Limette
1/2 TL sehr fein gehackter Dill
frisch gemahlener Pfeffer
Außerdem: 2 Zedernholzbretter, 1 EL Olivenöl

Zubereitung

Die Zedernholzbretter 2 Stunden wässern. Abtropfen lassen, leicht einölen und auf dem Grill kurz aufwärmen.

Den Lachs kalt waschen, mit Küchenkrepp trockentupfen und auf die Bretter legen. Limettensaft aus der frisch aufgeschnittenen Frucht über den Lachs spritzen. Sparsam Dill und Pfeffer darüber streuen.

Den Lachs bei milder Hitze 6 bis 8 Minuten indirekt grillen. Fertig ist er, wenn weiße Tropfen aus dem Fleisch austreten.

Vorab Zedernholzbretter 2 Stunden wässern

Zubereitungszeit 5–10 Minuten plus Garzeit

Tipp Zedernholzbretter gibt es im Internethandel bei BBQ-Scout, Pepperworld und anderen. Die im Zedernholz enthaltenen Öle geben dem Lachs einen rauchig-würzigen Geschmack. Die Bretter lassen sich abwaschen und mehrere Male wieder verwenden.
Sofern vorhanden, ist dies ein hervorragendes Gericht für den Smoker. Garzeit dort je nach Temperatur 20 bis 30 Minuten.

Wolfsbarsch süß & scharf

Zutaten für 2 Personen

2 Knoblauchzehen
4 EL Sojasauce
2 EL Fischsauce
2 EL Olivenöl
3 EL Ahornsirup
2 EL Limettensaft
1 TL gemahlener Ingwer
1 TL Chiliflocken
1 TL frisch gehacktes Koriandergrün
2 TL frisch gehackte glatte Petersilie
2 ganze Wolfsbarsche (ausgenommen und geschuppt)
Außerdem: 2–4 Bananenblätter, Zahnstocher

Zubereitung

Knoblauch abziehen und durch eine Knoblauchpresse drücken. Knoblauch, Sojasauce, Fischsauce, Olivenöl, Ahornsirup, Limettensaft, Ingwer, Chiliflocken, Koriandergrün und Petersilie gut miteinander verrühren und 2 Stunden ziehen lassen.

Die Wolfsbarsche kalt waschen und mit Küchenkrepp trockentupfen. Die Haut auf beiden Seiten schräg zu den Gräten mehrfach tief einschneiden. Die Fische am gesamten Körper innen und außen kräftig mit der Marinade einstreichen und an einem kühlen Ort 3 Stunden marinieren.

Bananenblätter auslegen. Die Barsche sehr kurz, aber heftig anbraten und mittig auf die Blätter platzieren. Die Ränder der Blätter so zusammenfalten, dass die Fische jeweils vollständig umschlossen sind. Mit Zahnstochern verschließen. Die Fische indirekt bei milder Hitze in 25 bis 35 Minuten durchgaren. Im Bananenblatt servieren.

Zubereitungszeit 20–25 Minuten plus Garzeit
Ziehzeit 2 Stunden
Marinierzeit 3 Stunden

Tipp Wer mag, kann die Barsche auch mit Kartoffelscheiben, Möhrenstreifen, Frühlingszwiebeln und Paprikastreifen füllen, um ein komplettes Gericht zu erhalten. Statt mit Wolfsbarsch gelingt das Gericht auch mit Forellen oder Red Snapper ausgezeichnet.

Forelle mit Kräutern

Zutaten für 4 Personen

```
4 kleine Forellen (ausgenommen)
3 TL Zitronenpfeffer
4 Frühlingszwiebeln
20 Stängel Dill
8 Stängel glatte Petersilie
4 Stängel Koriandergrün
4 EL Butter
2 Limetten
Außerdem: 4 Fischzangen
```

Zubereitung

Die Forellen kalt waschen, mit Küchenkrepp trockentupfen und innen kräftig mit Zitronenpfeffer würzen.

Frühlingszwiebeln waschen, halbieren und längs ein- bis zweimal aufschneiden. Die Kräuter von groben Stängeln befreien und grob zupfen. Zusammen mit der Butter und den Frühlingszwiebeln in den Bauch der Fische stopfen.

Die gefüllten Forellen in die Fischzangen spannen und von beiden Seiten kurz heiß anbraten. Dabei mit dem Saft der frisch aufgeschnittenen Limetten abspritzen. Danach 8 bis 10 Minuten indirekt weiter grillen.

Zubereitungszeit 10–15 Minuten plus Garzeit

Tipp Nach dem Servieren die Füllung herausnehmen und als Beilage grob pürieren. Dazu passen gut gedämpfte Salzkartoffeln oder Backkartoffeln vom Grill.
Wer es noch etwas saftiger mag, kann mit den Kräutern 1 bis 2 Esslöffel Quark in die Fische füllen.
Herzhafter werden die Fische, wenn man sie vor dem Einspannen in die Fischzangen mit 3 bis 4 Scheiben Bacon umwickelt.

Tintenfischtuben mit Gemüsefüllung

Zutaten für 4 Personen

1/2 Zucchini
1/2 rote Paprikaschote
1 kleine Zwiebel
2 Knoblauchzehen
3 Stängel glatte Petersilie
3 TL Blauschimmelkäse
1/2 TL Zitronenpfeffer
500 g Tintenfischtuben

Zubereitung

Zucchini und Paprikaschote waschen und putzen. Zwiebel und Knoblauch abziehen. Petersilie kurz abbrausen und trockenschwenken. Alles sehr klein hacken und mit Käse und Zitronenpfeffer gut durchmischen oder grob pürieren.

Die Tintenfischtuben kalt waschen und mit Küchenkrepp trockentupfen. Mit der Gemüsemasse prall füllen und kurz scharf angrillen. Danach bei mittlerer Hitze indirekt und bei geschlossenem Deckel 15 bis 20 Minuten weiter grillen.

Zubereitungszeit 15–20 Minuten plus Garzeit

Tipp Dazu passt ein Salat aus sonnengereiften Tomaten. Sollte die Masse nicht fest genug sein, kann man die Tuben auch mit Zahnstochern verschließen.
Wer Blauschimmelkäse nicht mag, nimmt stattdessen Weißkäse nach Fetaart.

Thunfischtaschen mit Kresse und Mandeln

Zutaten für 4 Personen

1 Handvoll Feldsalat
6 EL Brunnenkresse
3 Frühlingszwiebeln
1 Knoblauchzehe
4 EL Olivenöl
1 EL Limettensaft
2 EL Mandeln
1 TL Sojasauce
4 Thunfischsteaks (ca. 2 cm stark)
Außerdem: Backpinsel

Zubereitung

Feldsalat waschen und trockenschwenken. Kresse und Frühlingszwiebeln waschen und grob hacken. Knoblauch abziehen und sehr fein pressen. Diese vier Zutaten mit etwas Öl und Limettensaft gut durchmischen.

Mandeln grob hacken, in etwas Öl anbräunen, Sojasauce hinzufügen und kurz köcheln lassen. Nach dem Abkühlen mitsamt dem Bratöl zu der Kressemischung geben und alles vermengen.

Die Thunfischsteaks kalt waschen und mit Küchenkrepp trockentupfen. Mit einem spitzen, scharfen Messer Taschen in die Fischfilets schneiden, so dass die Ränder dreiseitig geschlossen bleiben. Die Füllung in die Taschen geben, ohne zu stopfen, und mit dem übrig gebliebenen Saft der Füllung außen bepinseln.

Die Thunfischtaschen von beiden Seiten kurz und heiß anbraten, so dass der Rost deutliche Brandspuren hinterlässt, jedoch nicht länger als 30 Sekunden von jeder Seite. Indirekt und bei geschlossenem Deckel ca. 3 Minuten weiter grillen.

Zubereitungszeit 15 Minuten plus Garzeit

Tipp Der freundliche Fischhändler schneidet auf Bitte die Taschen in die Filets. Das Gericht gelingt durchaus auch ohne Grilldeckel, allerdings sollten dann die Filets zwei- bis dreimal gewendet werden.

Ein herrlich leichtes Sommergericht!

Lachs mit Olivenpesto

Zutaten für 4 Personen

1/2 kleine Zwiebel
1/2 Knoblauchzehe
100 g Walnüsse
150 g entkernte schwarze Oliven
3 EL Olivenöl
4 EL geriebener Parmesan
Pfeffer, Salz
4 Stücke Wildlachs (à 200 g)
10–12 Scheiben Bacon (fest in der Struktur)

Zubereitung

Zwiebel und Knoblauch abziehen. Zwiebel, Knoblauch, Nüsse und Oliven grob hacken und mit dem Öl fein pürieren. Nach und nach den Parmesan unterrühren. Mit Pfeffer und Salz würzen. Die Masse 2 Stunden ziehen lassen.

Den Lachs kalt waschen und mit Küchenkrepp trockentupfen. Die Lachsstücke seitlich der Länge nach tief einschneiden und mit der Olivenmasse füllen. Man kann den Schnitt auch ganz durchführen und legt die Teile nach dem Befüllen wieder übereinander.

Die gefüllten Fischstücke mit Bacon umwickeln. Bei ca. 180 °C und geschlossenem Deckel indirekt grillen, bis der Bacon leicht knusprig ist. Der Bacon kann, muss aber nicht mitgegessen werden.

Zubereitungszeit 20–25 Minuten
Ziehzeit 2 Stunden

Tipp Das Gericht gelingt auch bei direkter Grillmethode. Dann sollte es jedoch mehrfach gewendet werden.

Saibling mit Kräuterhonig im Blätterteigmantel

Zubereitung

Knoblauch abziehen und grob hacken. Petersilie und Dill etwas klein schneiden. Knoblauch, Petersilie und Dill mit Honig, Olivenöl, Crème fraîche, Kreuzkümmel, Thymian, Currypulver, Zitronenpfeffer und wenig Salz fein pürieren, so dass eine streichfähige Masse entsteht. 2 Stunden ruhen lassen.

Den Blätterteig ganz kurz antauen lassen. Das Saiblingsfilet kalt waschen und mit Küchenkrepp trockentupfen. Den Blätterteig, nebeneinander gelegt, zu einem breiten Fladen ausrollen, so dass der Fisch darin eingewickelt werden kann. Das Saiblingsfilet von beiden Seiten mit der Würzmasse bestreichen und auf dem Teig auslegen.

Den Teig dicht über den Fisch klappen, gegebenenfalls einkürzen, und alle Enden mit einer Gabel so zusammendrücken, dass sich der Teig verbindet und fest am Fisch anliegt. Den Teig an der Oberseite mit der Gabel mehrmals einstechen. Das Eigelb verquirlen und das Blätterteigpaket damit bepinseln.

Den eingepackten Fisch bei geschlossenem Deckel und ca. 180 °C indirekt ca. 15 Minuten grillen, bis der Blätterteig gut aufgegangen ist.

Zubereitungszeit 25–30 Minuten plus Garzeit
Ruhezeit 2 Stunden

Zutaten für 4 Personen

- 1/2 Knoblauchzehe
- 2 Stängel glatte Petersilie
- 4 Stängel Dill
- 3 EL Honig
- 3 EL Olivenöl
- 150 g Crème fraîche
- 1 TL gemahlener Kreuzkümmel
- 1 TL Thymian
- 1/2 TL Currypulver
- 1/2 TL Zitronenpfeffer
- Salz
- 6–8 Scheiben TK-Blätterteig
- 800 g frisches Saiblingsfilet
- 2 Eigelb
- Außerdem: Backpinsel

Tipp Ein leichtes Gericht und ganz sicher ein interessantes Geschmackserlebnis!

Fruchtige Lachs-Gemüse-Spieße

Zutaten für 4 Personen

1/2 Knoblauchzehe
1 Stängel Dill
1 EL Honig
1 EL Olivenöl
1 TL Thymian
1/2 TL Zitronenpfeffer
800 g Lachsfilet
10 Okraschoten
8 Stangen grüner Spargel
3 Frühlingszwiebeln
1 kleine Fenchelknolle
1 schlanke Stange Porree
1 Mango
Außerdem: 8 lange Bambus-
spieße, Backpinsel

Zubereitung

Knoblauch abziehen und grob hacken. Dill etwas klein schneiden. Beides mit Honig, Olivenöl, Thymian und Zitronenpfeffer fein pürieren, bis eine glatte, streichfähige Marinade entstanden ist.

Das Lachsfilet kalt waschen, mit Küchenkrepp trockentupfen und in 3 Zentimeter große Würfel schneiden. Die Lachswürfel mit der Marinade einstreichen und 2 Stunden ziehen lassen.

Okraschoten, Spargel und Frühlingszwiebeln waschen, putzen und in 3 Zentimeter lange Stücke schneiden. Fenchel und Porree waschen, putzen und in 5 Millimeter dicke Scheiben schneiden. Mango schälen, das Fruchtfleisch vom Kern und in 2 bis 3 Zentimeter große Würfel schneiden.

Alle Zutaten abwechselnd auf die Spieße ziehen und mit der Marinade bepinseln. Bei geschlossenem Deckel und 160 °C bis 180 °C indirekt ca. 20 Minuten grillen, bis aus dem Lachs weißer Saft austritt.

Zubereitungszeit 30–35 Minuten plus Garzeit
Marinierzeit 2 Stunden

Tipp Wenn man die Spieße direkt grillt, sollten die Bambusspieße zur Sicherheit 2 Stunden vorher gewässert und das Gemüse vorher blanchiert werden.

Lachs-Quiche

Zutaten für 4 Personen

150 g Mehl
100 g Butter
1 Ei
1 kleine Zwiebel
300 g Lachsfilet
1 TL Dillspitzen
100 g Crème fraîche
1 EL Pizzakäse
Saft von 1 Limette
Außerdem: Springform (26 cm Durchmesser) oder Backblech

Zubereitung

Mehl, Butter und Ei verkneten, bis sich alles gut verbunden hat. Den Teig zu einer Kugel formen und im Kühlschrank 1 Stunde ruhen lassen.

Zwiebel abziehen und gemeinsam mit Lachs und Dill zu einem feinen Brei pürieren. Crème fraîche untermischen.

Den Teig ca. 5 Millimeter dick ausrollen und je nach Größe des Grills in eine Springform oder auf ein Backblech legen. Die Lachsmasse knapp 1 Zentimeter dick aufstreichen und dünn mit Käse bestreuen.

Die Quiche bei 180 °C bis 200 °C und geschlossenem Deckel 10 bis 12 Minuten indirekt grillen. Zum Servieren in Stücke schneiden und mit etwas Limettensaft beträufeln.

Zubereitungszeit 15–20 Minuten plus Garzeit
Ruhezeit 1 Stunde

Tipp Ein leichtes, aber ungemein leckeres Sommergericht, zu dem vorzüglich ein frischer Weißwein oder zur richtigen Jahreszeit ein Gläschen Federweißer passt.

Sex & Barbecue

Wer hinter dieser Überschrift einen aufregenden »Stand«-Sicherheitstest für Grillgeräte erwartet, wird leider enttäuscht. Tests müssen wissenschaftlichen Ansprüchen genügen und zu allgemeingültigen Ergebnissen führen. Die dazu zwingend erforderliche Normierung des Verfahrens dürfte einige Schwierigkeiten bereiten, so dass diese Methode dem individuellen Gebrauch überlassen bleibt.

Es geht eher darum, die Berechtigung der Redensart »Liebe geht durch den Magen« nachzuweisen. Die direkt anregende Wirkung einiger Lebensmittel ist zwar physiologisch nicht wirklich nachgewiesen, aber dennoch vorhanden. Sie basiert vielmehr auf sekundären und vor allem auf psychologischen Ursachen. Und hier nähern wir uns dem Kern.

Männer, die gut kochen (und natürlich auch grillen) können, besitzen durchaus eine erotische Anziehung. Sofern Frauen diese Zeilen lesen, werden mehr als 90 % mit dem Kopf nicken. Damit ist diese These als Bestandteil der Gesamtargumentation bewiesen.

Für unsere Beweisführung benötigen wir jedoch noch einen weiteren Beleg.

Es gibt Menschen, die das gewöhnliche Liebesleben als zu gewöhnlich betrachten. Sie sind oft unglücklich. Bananen enthalten Serotonin und Kalium, was durchaus helfen könnte. Stattdessen suchen diese Menschen ihr Glück in Verkleidungen und Rollenspielchen. Hätten sie doch die Banane gegessen ...

Es gibt auch Menschen, die das gewöhnliche Grillen zu gewöhnlich finden und deshalb viel Geld für exotische Zutaten ausgeben. Aber Kamel schmeckt auch nicht viel anders als Rind, und Krokodil wie eine Mischung aus Huhn und Fisch. Allen sei geholfen und gesagt: Sucht das Besondere im Gewöhnlichen!

Schnapp dir deine Süße und geh mit ihr am Fluss spazieren, Hand in Hand. Fahrt vor die Stadt und schaut dem Sonnenuntergang oder dem Zug der Vögel zu. Verbringt ein gewöhnliches Wochenende. Und Montag werdet ihr beschwingt ins Büro tänzeln.

Back ein Brot, nimm eine Rispe Tomaten, eine Schale Champignons, etwas Ziegenkäse und zaubere etwas Köstliches auf dem Grill. Mach kein angekündigtes Highlight aus dem Abend, denn es wird ein gewöhnlicher Abend. Das Besondere liegt tatsächlich im Gewöhnlichen!

Beilagen &

Mit Gemüse

Rosmarinkartoffeln

Zutaten für 4 Personen

20 kleine Kartoffeln (festkochend)
4 Zweige frischer Rosmarin
4 EL Olivenöl
Außerdem: 1 Aluminiumschale

Zubereitung

Kartoffeln waschen, schälen und nicht zu weich kochen. Währenddessen die Rosmarinnadeln von den Zweigen abziehen. Kartoffeln, Öl und Rosmarin in eine Schüssel geben und 3 Stunden ziehen lassen.

Die Kartoffeln in eine Aluminiumschale legen und auf dem Grill bei milder Hitze (150 °C) und geschlossenem Deckel ca. 10 Minuten indirekt erwärmen.

Zubereitungszeit 20–25 Minuten plus Erwärmzeit
Marinierzeit 3 Stunden

Tipp Es sind nicht immer die komplizierten, aufwändigen oder teuren Dinge, die kulinarische Freude bereiten. Diese Beilage gehört dazu und ist ungemein lecker zu Lamm und Rind.

Noch besser werden die Kartöffelchen, wenn man die Gelegenheit hat, in einem Smoker oder mit Spänen Rauch zu erzeugen.

Über vorgekochte Kartoffeln aus dem Handel lässt sich sicher streiten. Aber auch mit ihnen gelingt diese Beilage trefflich.

Kartoffeln im Auberginenmantel

Zutaten für 4 Personen

8 flache Kartoffeln (faustgroß, festkochend)
1-2 Auberginen
100 ml Olivenöl
3 EL Limettensaft
1 TL frisch gehacktes Koriandergrün
Pfeffer, Salz
Außerdem: Zahnstocher

Zubereitung

Kartoffeln waschen, schälen und nicht zu weich kochen. Währenddessen die Auberginen längs in 1,5 Millimeter dicke Scheiben schneiden. Das gelingt am besten mit einer Brotschneidemaschine.

Öl, Limettensaft und Koriandergrün miteinander verrühren und mit Pfeffer und Salz würzen. Die Auberginenscheiben mindestens 30 Minuten in diesem Sud marinieren.

Die abgekühlten Kartoffeln mit den Auberginenscheiben umwickeln. Die Enden der Scheiben mit 2 Zahnstochern fixieren.

Bei geschlossenem Deckel und milder Hitze ca. 12 Minuten indirekt grillen.

Zubereitungszeit 30–35 Minuten plus Garzeit
Marinierzeit 30 Minuten

Das Rezeptfoto findest du auf Seite 91

Tipp Leicht und frisch kommt diese Beilage daher. Sie passt zu allen Fleischarten und wird durchaus auch gern als »Solo-Leckerli« genossen.
Auch auf dem offenen Grill bei direkter Hitze gelingen die Kartoffeln, dann sollten sie jedoch mehrmals gewendet werden.

Rosmarinbrot

Zutaten für 4–6 Personen

400 g Weizenmehl
1 Päckchen Trockenhefe
200 g Buttermilch
1 EL Zucker
1/2 Zwiebel
1 EL Pizzakäse
2 EL Butter
1 TL Salz
6 frische Rosmarinzweige

Zubereitung

Mehl und Hefe in einer Schüssel trockenvermengen. 4 Esslöffel Wasser, Buttermilch und Zucker dazugeben und einen glatten Teig kneten. Die Schüssel abdecken und den Teig an einem warmen Ort 30 Minuten gehen lassen.

Die Zwiebel abziehen und fein hacken. Den Teig nochmals durchkneten, dabei schrittweise die Zwiebelwürfel, den Pizzakäse, die Butter und das Salz beimengen. Den Teig nochmals ca. 90 Minuten gehen lassen.

Vom Teig knapp handgroße Stücke abtrennen und so um die Rosmarinzweige kneten, dass knapp 2 Zentimeter dicke Laibe entstehen. Bei geschlossenem Deckel und 180 °C bis 200 °C etwa 30 Minuten indirekt grillen.

Zubereitungszeit 25–30 Minuten plus Garzeit
Gehzeit 2 Stunden

Tipp Es wäre einen Test wert, ob dieser Backvorgang auch ohne Deckel funktioniert, indem man die Brote gelegentlich wendet und mit einer Fettschale abdeckt.

Gefüllte Champignons

Zutaten für 4 Personen

4 Riesenchampignons
2 EL Olivenöl
100 g Hackfleisch (gewürzt)
Pfeffer, Salz, Paprikapulver
nach Bedarf
2 EL Pizzakäse
Außerdem: Backpinsel

Zubereitung

Die Champignons nach Bedarf mit Küchenkrepp abwischen. Stiele vorsichtig entfernen, dabei die Lamellen stehen lassen. Das gelingt meist durch einfaches Ausbrechen. Falls nicht, hilft ein Teelöffel oder noch besser ein Ausschäler. Es geht dabei nicht um ein Ausschaben, sondern nur um die Entfernung des Stiels. Die Pilzköpfe innen mit Öl einpinseln.

Die Hackfleischmasse nach Bedarf mit Pfeffer, Salz und Paprikapulver nachwürzen und in die Pilze drücken. Dabei keinen Berg ausbilden, sondern mit der Pilzkante abschließen, weil die Masse sonst zu lange für das Durchgaren benötigt. Den Pizzakäse aufstreuen.

Die gefüllten Champignons bei geschlossenem Deckel 10 bis 12 Minuten indirekt grillen. Nicht das Verlaufen des Käses zeigt den Abschluss des Grillens an, sondern das Festwerden der Hackfleischmasse.

Zubereitungszeit 10–15 Minuten plus Garzeit

Tipp Dieses Gericht kann man beliebig abwandeln, denn die Pilze lassen sich mit allem füllen, was der Gaumen begehrt. Als kleine Anregung sei genannt: Weißkäse allein oder zusammen mit klein geschnittenem Obst sowie Fisch pur oder zusammen mit Gemüseraspeln.

Gegrillte Tomaten mit Blattspinat

Zutaten für 4–6 Personen

250 g TK-Blattspinat
6 Tomaten (sonnengereift, mittelgroß, fest)
1/2 Zwiebel
Pfeffer, Salz
frisch geriebene Muskatnuss
2 EL Weißkäse nach Fetaart

Zubereitung

Den Spinat auftauen lassen.

Die Tomaten waschen. Je einen Deckel auf der gegenüberliegenden Seite des Blütenansatzes abschneiden. Tomaten mit einem Kugelausstecher vorsichtig aushöhlen, dabei jedoch nur das Innere auslösen und nicht den Rand schwächen. 15 Minuten kopfüber austropfen lassen.

Den Spinat gründlich abtropfen lassen. Die Zwiebel abziehen, in sehr kleine Würfel schneiden (gegebenenfalls pürieren) und unter den Blattspinat mischen. Mit Pfeffer, Salz und Muskatnuss würzen.

Die Tomaten bis zum Rand mit der Spinatmischung füllen und mit Käse bestreuen. Bei mittlerer Hitze und geschlossenem Deckel 10 bis 12 Minuten indirekt grillen, bis die Tomatenhaut leicht schrumpelig wird.

Zubereitungszeit 20–25 Minuten plus Garzeit

Tipp Frische Zutaten sind natürlich immer besser, aber die Tomaten schmecken auch mit einem fertig gewürzten Zwiebel-Muskat-Blattspinat aus dem Tiefkühlregal.

Paprika mit Couscousfüllung

Zutaten für 4 Personen

1 Packung Couscous (300 g)
2 EL Limettensaft
5 EL Olivenöl
1 TL gemahlener Kreuzkümmel
1 TL gemahlener Kardamom
1 TL gemahlener Sternanis
4 Paprikaschoten (rot/grün)

Zubereitung

Couscous nach Packungsangabe zubereiten und auskühlen lassen. Limettensaft, Öl, Kreuzkümmel, Kardamom und Sternanis untermischen. Etwa 1 Stunde durchziehen lassen.

Die Paprikaschoten waschen, mit Küchenkrepp trockentupfen und so halbieren, dass beide Hälften einen halbwegs sicheren Stand haben. Kerne, Trennwände und Stielansätze entfernen.

Die Paprikahälften mit dem Couscous füllen und auf den Grill stellen. Indirekt und bei geschlossenem Deckel 8 bis 10 Minuten grillen.

Zubereitungszeit 15–20 Minuten plus Garzeit
Ziehzeit 1 Stunde

Tipp Einen angenehm fruchtigen Geschmack gibt auch der untergemischte Saft von Tomaten ab. Dazu lässt sich das Innenleben von ausgehöhlten Tomaten verwenden, aus denen die groben Bestandteile entfernt wurden. Nach dem Grillen kann man etwas Sauerrahm dazugeben.

Um die Standsicherheit der Paprikaschoten während des Grillens zu verbessern, sollte man sie geschickt auf die Zwischenräume des Grillrostes stellen.

Spargel mit Koriandergrün

Zutaten für 4 Personen

24 Stangen grüner Spargel
1 EL frisch gehacktes Koriandergrün
2 EL Butter
1 Limette
Pfeffer, Salz
Außerdem: Aluminiumfolie

Zubereitung

4 Stück Aluminiumfolie à 30 Zentimeter Länge auf eine Arbeitsfläche legen.

Den Spargel kurz abspülen, abtropfen lassen und die Spargelenden nach Bedarf etwas einkürzen. Je 6 Spargelstangen auf die Folien legen. Koriandergrün und Butter über dem Spargel verteilen. Einige Spritzer Saft von der halbierten Limette sowie etwas Pfeffer und Salz darübergeben.

Die Folien so falten, dass dicht schließende Päckchen entstehen.

Die Päckchen auf den Grill legen und den Spargel bei milder Hitze indirekt in ca. 12 Minuten durchgaren.

Zubereitungszeit 15–20 Minuten

Tipp Dies ist eine feine und würzig-aromatische Beilage zu deftigem Fleisch. Aber auch solo als Entree oder Abschluss verwöhnt sie die Gaumen der Genießer. Alternativ kann man statt mildem Spargel auch herzhafte Schwarzwurzeln verwenden.

Um den Saft zu erhalten, wird zweckmäßigerweise in der Folie serviert, die man nach dem Öffnen mit einer Schere etwas einkürzen kann.

Teigtaschen mit Gemüse

Zutaten für 4 Personen

400 g Weizenmehl
1 Päckchen Trockenhefe
150 g Buttermilch
50 g Zucker
3 Eier
2 Möhren
1 grüne Paprikaschote
1 Zwiebel
4 Stängel glatte Petersilie
3 EL Weißkäse nach Fetaart
Pfeffer, Salz
Außerdem: Backpinsel

Zubereitung

Das Mehl und die Hefe in einer Schüssel trocken vermengen. 4 Esslöffel Wasser, Buttermilch und Zucker zufügen und einen glatten Teig kneten. Die Schüssel abdecken und den Teig an einem warmen Ort gehen lassen. Nach 30 Minuten nochmals durchkneten. Erneut ca. 90 Minuten gehen lassen.

Währenddessen 2 Eier hart kochen, abkühlen lassen, pellen und fein hacken. Möhren und Paprikaschote waschen und putzen, die Zwiebel abziehen. Das Gemüse grob schneiden; die Möhre etwas kleiner als die anderen. Das Gemüse in kochendem Salzwasser blanchieren und in Eiswasser abschrecken. Petersilie waschen, trockenschütteln und fein hacken.

Gekochte Eier, Gemüse, Petersilie und Käse gut vermengen. Mit Pfeffer und Salz würzen. Die Mischung ca. 30 Minuten durchziehen lassen.

Vom Teig Stücke abtrennen und bis auf 5 Millimeter Stärke ausrollen, so dass handtellergroße Fladen entstehen. Jeweils etwas Gemüsemischung auf eine Hälfte der Teigstücke geben. Die zweite Teighälfte über die Füllung klappen und die Ränder mit einer Gabel zusammendrücken, so dass sie fest verschlossen sind.

Das restliche Ei trennen und die Teigtaschen auf der Oberseite mit dem Eigelb bestreichen. Die gefüllten Teigtaschen bei mäßiger Hitze und geschlossenem Deckel 25 bis 30 Minuten indirekt grillen.

Zubereitungszeit 35–40 Minuten plus Garzeit
Gehzeit 2 Stunden

Tipp Die Füllung lässt sich natürlich nach Belieben abwandeln. Hackfleisch braucht eine ähnlich lange Garzeit, Fisch oder Blattspinat mit Weißkäse nach Fetaart sind schneller gar.

Papayahälften mit Kräuterquark

Zutaten für 4 Personen

3 Stängel Dill
3 Stängel glatte Petersilie
3 Stängel Koriandergrün
250 g Sahnequark
1 EL Leinsamenöl
2 Papayas (nicht zu groß und reif)
50 g Ziegenkäse

Zubereitung

Die Kräuter kurz abspülen, trockenschütteln und grob hacken. Den Quark mit dem Öl cremig rühren und die Kräuter untermischen.

Die Papayas halbieren und die Körner auslösen. Den Kräuterquark bis an den Rand in die Fruchtschalen füllen. Den Ziegenkäse in dünne Scheiben schneiden und auf die Füllung legen.

Bei mittlerer Hitze und geschlossenem Deckel 10 bis 12 Minuten indirekt grillen, bis der Käse gut verlaufen ist.

Zubereitungszeit 10–15 Minuten plus Garzeit

Tipp Ein leichtes Gericht zum Abschluss eines kräftigen Grillabends. Statt des kräftigen Ziegenkäses kann man auch Büffelmozzarella oder Pizzakäse verwenden.

Dank an meinen Freund Hans Fuchs für die Anregung, den Quark zusätzlich mit Shrimps anzureichern.

Süßkartoffelauflauf vom Grill

Zutaten für 4 Personen

500 g Sahne
3 Eier
200 g Pizzakäse
1 TL frisch geriebene Muskatnuss
1/2 TL Currypulver
Pfeffer, Salz
4–6 Süßkartoffeln
2 rote Zwiebeln
2 rote Paprikaschoten
2 Knoblauchzehen
Außerdem: 1 Auflaufform, 3 EL Olivenöl

Zubereitung

Die Sahne mit den Eiern und der Hälfte des Pizzakäses verrühren und mit Muskatnuss, Currypulver, Pfeffer und Salz würzen.

Süßkartoffeln waschen, schälen und in 3 Millimeter dicke Scheiben schneiden. Zwiebeln abziehen, Paprikaschoten putzen und beides grob schneiden. Knoblauch abziehen und fein hacken.

Eine Auflaufform mit Öl ausstreichen. Kartoffeln, Paprika, Zwiebeln und Knoblauch in die Auflaufform geben und mit der Sahnemasse übergießen.

Die Form auf den Grill stellen und den Auflauf bei ca. 200 °C und geschlossenem Deckel insgesamt 40 bis 45 Minuten indirekt grillen. Nach 30 Minuten den restlichen Pizzakäse auf die Masse geben und den Auflauf knusprig backen.

Zubereitungszeit 20–25 Minuten plus Garzeit

Tipp Ohne Grilldeckel wird das Gericht nicht gelingen, denn die Oberhitze ist notwendig.

Wer es nicht ganz so lieblich mag, kann die Hälfte der Süßkartoffeln auch gegen einheimische Kartoffeln ersetzen. Wer es hingegen süßer mag, kann den restlichen Pizzakäse vor dem Aufstreuen auch mit braunem Zucker mischen.

Hackfleischspieße im Kokosmantel

Zutaten für 4 Personen

150 g Hackfleisch (gewürzt)
Pfeffer, Salz
3 EL Kokosraspel
Außerdem: 12 Bambusspieße (möglichst eckig und nicht rund)

Zubereitung

Die Bambusspieße in kaltes Wasser legen und 2 Stunden einweichen lassen.

Das Hackfleisch bei Bedarf mit Pfeffer und Salz nachwürzen und ausgiebig durchkneten, bis ein bindiger Brei entstanden ist.

Die Masse um die Spieße kneten, so dass sie richtig haftet. Der Durchmesser der fertigen Spieße sollte nicht größer als 1 Zentimeter sein. Abschließend in den Kokosraspeln wälzen und auf den mäßig heißen Grill legen. Direkt 4 Minuten, indirekt 8 bis 10 Minuten grillen, bis das Hackfleisch vollständig durchgegart ist.

Vorab Bambusspieße 2 Stunden wässern
Zubereitungszeit 10–15 Minuten plus Garzeit

Tipp Die Spieße gelingen sowohl indirekt bei geschlossenem Deckel als auch unter Wenden über der direkten Glut.

Auch wer Kokos geschmacklich eigentlich nicht mag, sollte trotzdem das Gericht versuchen und sich überraschen lassen, denn Kokos verändert auf dem Grill seinen Geschmack.

Hackfleischspieße auf dem Grillrost fordern sehr oft zu einem Kräftemessen auf, gegen das auch kein Fetten hilft: Löst sich die Masse zuerst vom Rost oder vom Spieß? Einfache Abhilfe schafft eine schwebende Lagerung der Spieße, bei der nur die Spitzen und Enden aufliegen. Dazu muss der Grillmeister sich etwas basteln: zwei Steine mit Alufolie umwickeln und auf den Grill legen oder eine zum U gefaltete Fettschale nutzen.

Hackfleischröllchen in Zucchini

Zutaten für 4 Personen
3 Zucchini (nicht zu schlank)
3 EL Olivenöl
3 EL Limettensaft
Pfeffer, Salz
150 g Hackfleisch (gewürzt)
Außerdem: Zahnstocher

Zubereitung

Zucchini waschen, putzen und mit einer Brotschneidemaschine längs in maximal 1,5 Millimeter dicke Scheiben schneiden.

Das Öl mit dem Limettensaft verrühren und mit Pfeffer und Salz würzen. Die Zucchinischeiben in diesen Sud legen und ca. 30 Minuten marinieren.

Das Hackfleisch gegebenenfalls mit Pfeffer und Salz nachwürzen und zu kleinen, gut 1 Zentimeter dicken Röllchen formen.

Die Zucchinischeiben abtropfen lassen und die Röllchen damit in voller Länge einwickeln. Die Enden jeweils mit 2 Zahnstochern fixieren.

Die Hackfleischröllchen bei geschlossenem Deckel und milder Hitze ca. 12 Minuten indirekt grillen, bis das Fleisch vollständig durchgegart ist.

Zubereitungszeit 10–15 Minuten plus Garzeit
Marinierzeit 30 Minuten

Tipp Diese köstlichen Hackfleischröllchen sind einfach klasse. Man kann sie als Snack oder als Beilage servieren.

Spitzpaprika mit Forelle und Gemüse

Zutaten für 4 Personen

3 Möhren
3 Frühlingszwiebeln
250 g geräuchertes Forellenfilet
3 EL Aceto balsamico
3 EL Olivenöl
4 Spitzpaprika

Zubereitung

Das Gemüse waschen. Möhren putzen und erst in 4 Millimeter dicke Streifen, dann in 1 Zentimeter große Stücke schneiden. Frühlingszwiebeln putzen und in 5 Millimeter dicke Scheiben schneiden. Das Forellenfilet grob zerbröseln. Alles mit Essig und Öl gut vermengen und 30 Minuten ziehen lassen.

Währenddessen die Paprikaschoten auslegen, um die stabilste Stellung der Schote zu finden. Auf der Oberseite dann eine Öffnung in die Frucht schneiden, so dass man später die Füllung bequem mit einem Löffel einbringen kann und dennoch umlaufend ein Rand verbleibt. Schoten waschen, Kerne und Trennwände entfernen und den Stiel einkürzen.

Die Paprikaschoten vollständig füllen, aber nicht stopfen und auf den Grill legen. Indirekt und bei geschlossenem Deckel 8 bis 10 Minuten grillen.

Zubereitungszeit 15–20 Minuten plus Garzeit
Marinierzeit 30 Minuten

Tipp Natürlich gelingt das Gericht auch mit »normalen« Paprikaschoten. Spitzpaprika liegt jedoch wesentlich besser auf dem Grill.
Möhren haben eine längere Garzeit als die anderen Zutaten der Füllung. Deshalb die Stücke nicht zu groß schneiden.

Neulich beim Bäcker

Heiligensee hat eine kleine gemütliche Dorfbäckerei. Schrippen, Mohnbrötchen, Himbeerschnitte, Fahrradständer, alles was man eben so braucht.

Interessant ist, dass meist nur Männer in der Bäckerei anzutreffen sind, aber das war eine Beobachtung, die eher am Rande mit abgefallen ist und mir zu denken gab.

In der Schlange neulich ein Vater. Ende 30, volles schwarzes Haar, Bermudashorts, T-Shirt und Flipflops, insgesamt nett anzusehen. Eigentlich war seine Bestellung abgeschlossen, als ihm sein Sohn einfiel: »Ich muss die Bestellung noch einmal upgraden: Für meinen Sohn bitte noch ein Brötchen to-go.«

Unsere Bäckerin ist eine kluge Frau und hat nur wortlos geschmunzelt. Aber gedacht haben wir wohl das gleiche.

Diese Anglizismen machen dich doch nicht interessanter! Warum benutzt du sie? Hast du das nötig? Diese Art zu reden strahlt nicht wirklich Individualität aus, sie ist vielleicht modern (hip oder cool), doch sie ist sehr uniform und angepasst. Aber genau das willst du doch eigentlich nicht.

Mach dich nicht zum Papagei und rede vernünftig. Wenn du etwas Wichtiges zu sagen hast, wird jeder das merken. Und wenn du Wichtiges mit einfachen Worten sagst, werden die anderen merken, dass du einen eigenen Kopf zum Denken hast.

Das Treffen mit deiner neuen Flamme wird nicht aufregender, wenn du die Verabredung »Date« nennst.

Und am Grill verhält es sich ganz ähnlich. Wenn du deine Gäste nur mit Klapperschlange, Krokodil, Känguru oder Emu auf dem Grill beeindrucken kannst, ohne an den leckeren, süßlich-fruchtigen Nachtisch zu denken, der zartschmelzend auf der Zunge zergeht, ist das traurig. Für dich und für die Gäste.

Die folgenden Gerichte sind eigentlich ganz gewöhnlich und dennoch raffiniert. Sie werden deine Gäste überzeugen, denn sie sind einfach vorzüglich.

PS: Da Kinder heutzutage oft überfordert werden, indem wir ihnen unzählige Wahlmöglichkeiten lassen, ohne ihnen dabei zu helfen, dauerte die Diskussion um das »Brötchen to-go« dann noch einmal mehrere Minuten.

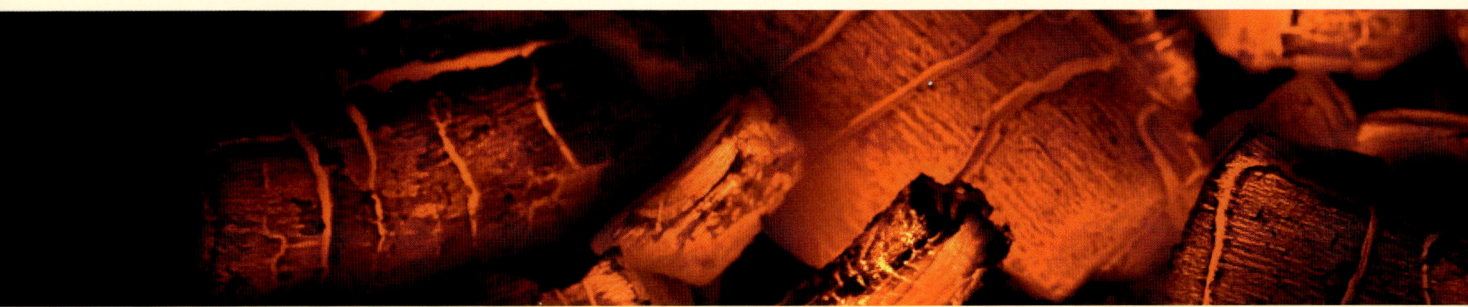

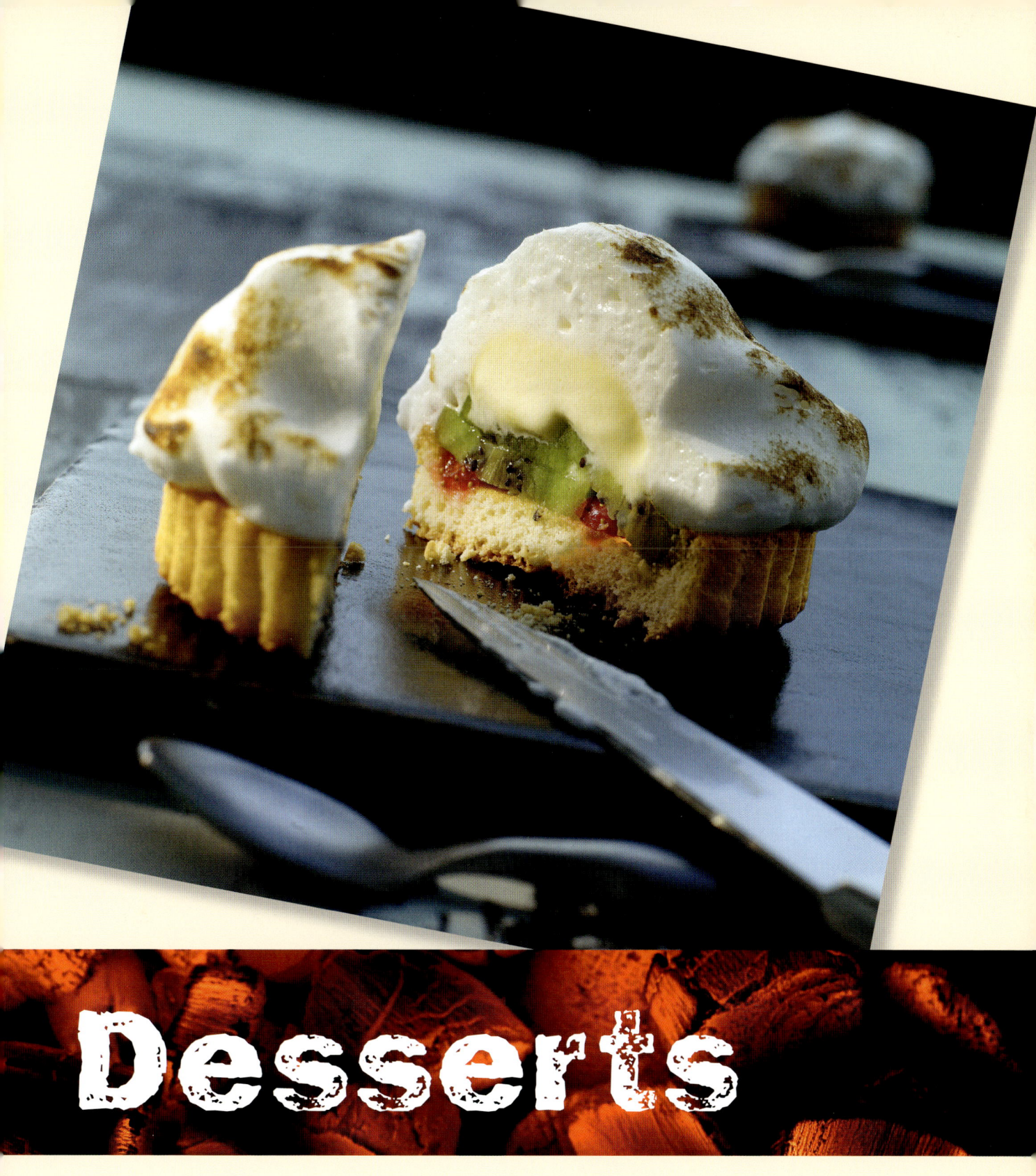

Desserts

Eis vom Grill

Zutaten für 4 Personen

6 Eier
1 EL Puderzucker
1 Kiwi
6 Erdbeeren
4 Torteletts
250 g Vanilleeis
Außerdem: Eisportionierer,
Gasbrenner

Das Rezeptfoto findest du auf Seite 109

Zubereitung

Die Eier aufschlagen und das Eigelb vom Eiweiß trennen. Aus dem Eiweiß einen steifen Schnee schlagen, dabei nach und nach den Puderzucker dazugeben.

Die Kiwi schälen, die Erdbeeren waschen und putzen und beides in sehr dünne Scheiben schneiden. Die Fruchtscheiben gleichmäßig auf den Torteletts verteilen. Das tiefgekühlte Eis mit einem Eisportionierer ausformen und über die Früchte geben. Mit einem Schaber den steif geschlagenen Eischnee um die Eiskugel dick und dicht schließend bis über den Rand der Torteletts auftragen.

Das Dessert auf den auf 250 °C vorgeheizten Grill stellen und bei geschlossenem Deckel ca. 4 Minuten indirekt grillen.

Den ausgehärteten Eischnee nach Wunsch mit einem Gasbrenner leicht nachbräunen und bei Bedarf mit Fruchtsauce dekorieren.

Zubereitungszeit 20–25 Minuten

Tipp Der Trick besteht darin, dass der Eischnee durch die Hitze fest wird und eine wärmedämmende Wirkung entfaltet. Aus diesem Grund muss der Eischnee auch lückenlos aufgetragen werden. Ohne Grilldeckel wird dieses Gericht nicht gelingen.
Statt der Torteletts kann man natürlich auch einen selbst gebackenen Mürb- oder Biskuitteig verwenden, den man zu beliebigen Formen ausstechen oder schneiden kann.
Die Früchte lassen sich beliebig austauschen. So kann man durchaus auch in Alkohol eingelegte Früchte verwenden.

Limettenkuchen

Zutaten für 6–8 Personen

125 g Butter
250 g Zucker
3 Eier
350 g Mehl
1 EL Backpulver
100 ml Limettensaft
250 g Sauerrahm
Außerdem: 1 Kastenform (25 cm Länge),
Butter zum Einfetten

Zubereitung

Die Butter in einer Schüssel schaumig rühren. Nach und nach die Hälfte des Zuckers und die Eier zugeben und weiterrühren, bis eine glatte Masse entstanden ist. In einer zweiten Schüssel das Mehl mit dem Backpulver vermischen und einen Schuss Limettensaft sowie den Sauerrahm unterrühren. Die Mehlmischung dann nach und nach mit der Buttermasse vermengen.

Die Kuchenform einfetten und den Teig einfüllen. Die Form auf den Grill stellen und den Kuchen bei geschlossenem Deckel bei ca. 180 °C 45 Minuten backen.

Währenddessen den restlichen Zucker mit dem Limettensaft einköcheln lassen (entweder auf dem offenen Grill oder in der Küche auf der Kochstelle), bis ein dickflüssiger Sirup entstanden ist. Den Kuchen vom Grill nehmen und mit einer Gabel einige Male einstechen. Den Sirup langsam über den Kuchen geben und einziehen lassen.

Zubereitungszeit 60–70 Minuten

Tipp Ein krönender Abschluss für den deftigen Grillabend. Mit diesem Kuchen vom Grill kann man seine Gäste wirklich überraschen. Und wenn man es richtig krachen lassen will, reicht man dazu noch eine Mischung aus Mascarpone, Schlagsahne und geriebener Limettenschale.

Ananas mit Chili und Amarettini

Zutaten für 4 Personen

5 Löffelbiskuits
25 Amarettini
3 EL Butter
3 EL Bienenhonig
Chiliflocken
1 Ananas
Außerdem: Ananasausstecher

Zubereitung

Die Löffelbiskuits und die Amarettini sehr fein zerbröseln. Die Butter schaumig schlagen und die Brösel, Honig und Chiliflocken unterrühren, bis eine homogene Masse entstanden ist.

Die Ananas sauber schälen, in 1 Zentimeter dicke Scheiben schneiden und mit einem Ausstecher die Strünke auslösen.

Die Ananasringe mit der Masse bestreichen und auf den Grill legen. Bei geschlossenem Deckel indirekt in ca. 8 Minuten überbacken. Die Hitze darf mit 250 °C bis 280 °C ruhig etwas höher sein.

Zubereitungszeit 20–25 Minuten

Tipp Süß, scharf und heiß: Was gibt es Schöneres! Natürlich kann man auch Ananasringe aus der Dose verwenden. Da diese jedoch gesüßt sind, sollte dann der Honiganteil reduziert werden.

Pfirsich im Baconmantel mit Frischkäse

Zutaten für 4 Personen

2 Pfirsiche (reif, saftig)
8 Scheiben Bacon (möglichst fest und breit)
2 EL Kräuterfrischkäse
Außerdem: Zahnstocher

Zubereitung

Pfirsiche halbieren, Kerne entfernen und das Fruchtfleisch in Achtel schneiden. Den Bacon auf einer Arbeitsfläche auslegen und dünn mit Frischkäse bestreichen. Die Pfirsichstücke in den Bacon wickeln und die Enden mit Zahnstochern fixieren.

Indirekt bei mäßiger Hitze und geschlossenem Deckel 12 bis 15 Minuten grillen, bis der Bacon knusprig wird.

Zubereitungszeit 10–15 Minuten plus Garzeit

Tipp Der Grill ist kein Fernsehgerät: Also den Deckel hübsch geschlossen halten, denn jedes Öffnen kostet Oberhitze.

Dieses »Leckerli« gelingt auch mit anderen Früchten wie Kiwi, Aprikose, Ananas, fester Birne und Feige oder auch mit Trockenfrüchten. Getrocknete Früchte kann man vorher noch einige Stunden in einem Obstbrand ziehen lassen.

Falls man Angst davor hat, dass die Zahnstocher verbrennen, sollte man sie vor ihrem Einsatz 1 Stunde wässern.

Flambierte Bananen

Zutaten für 4 Personen

4 Bananen
4 EL hochprozentiger Rum (Stroh Rum, 80 Vol.-%)
Außerdem: 1 spitzes, scharfes Messer

Zubereitung

Die Bananen ungeöffnet bei mäßiger Hitze auf den Grill legen, bis sie allseitig tiefschwarz geworden sind. Keine Angst: Die Schwarzfärbung der Schale ist kein Zeichen für ein Verbrennen, sondern lediglich ein Farbumschlag.

Die Bananen einzeln auf Teller legen. Die Früchte in ganzer Länge aufschneiden, mit zwei Teelöffeln aufspreizen, den Rum aufgießen und sofort entzünden. 40 Sekunden brennen lassen und dabei servieren.

Zubereitungszeit 5–8 Minuten

Tipp Dieses Gericht sollte im Dämmerlicht zubereitet und serviert werden, denn die Flammen sind ein kleines Schauspiel.
Mit dem Rum »Stroh 8oer« gelingt dieses Dessert wirklich am besten, denn dieser Rum brennt wegen seines hohen Alkoholgehalts immer an und gibt zudem eine hübsch fruchtige Note. Schnäpse mit geringerem Alkoholgehalt muss man unter Umständen in einem kleinen Schälchen kurz vorwärmen, damit sie leichter entflammen.

Marshmallows mit Aprikosen

Zutaten für 4 Personen

8 Aprikosen (reif, saftig)
8 Marshmallows
Außerdem: 8 Bambusspieße

Zubereitung

Jede Aprikose halbieren und den Kern entfernen. Die erste Fruchthälfte so auf einen Spieß stecken, dass die offene Seite zur Spitze zeigt. Ein Marshmallow aufstecken und mit der zweiten Fruchthälfte abschließen, so dass beide Aprikosenhälften den »Mäusespeck« einhüllen. Beide Hälften vorsichtig, aber bestimmt zusammenschieben, sie müssen sich jedoch nicht berühren.

Die bestückten Spieße unter mehrmaligem Drehen direkt und bei hoher Temperatur ca. 3 Minuten grillen. Idealerweise wird das Marshmallow außen leicht kross, schmilzt im Innern, und die Früchte zeigen Brandstreifen des Rostes.

Zubereitungszeit 10–15 Minuten

Tipp Vorsicht: Die Marshmallows sind innen noch lange unerhört heiß! Vorsicht auch mit Marshmallows, wenn sie solo gegrillt werden: Sie schmelzen und tropfen dann gern sehr heiß auf die Finger.
Statt Aprikosen lassen sich natürlich auch feste Erdbeeren, Kiwistücke oder Pfirsiche verwenden.
Wer ganz sichergehen will, weicht die Bambusspieße zuvor für längere Zeit in kaltem Wasser ein, um ein Anbrennen auf dem Grill zu vermeiden.

Melone mit Weißkäse

Zutaten für 4 Personen

1/2 reife Wassermelone
150 g Weißkäse nach Fetaart
20 Blätter Minze
Außerdem: Kugelausstecher

Zubereitung

Die Wassermelone entkernen. An ihrer dicksten Stelle eine 3 Zentimeter starke Scheibe abschneiden. Die Schale entfernen und das Fruchtfleisch in 16 Würfel schneiden.

Mit einem Kugelausstecher Halbkugeln in die Melonenwürfel schneiden. Den Käse in kleine Stücke schneiden. Die Öffnungen der Melonenwürfel vorsichtig – damit diese nicht zerbrechen – mit Käse ausfüllen.

Die gefüllten Melonenwürfel kurz und sehr kräftig angrillen, so dass sich an den Unterseiten ein deutliches Brandmal abzeichnet. Danach indirekt bei kräftiger Hitze und geschlossenem Deckel weitergrillen, bis der Käse braune Kanten bekommt.

Minze waschen, trockenschwenken, sehr fein hacken und vor dem Servieren über die fertigen Würfel streuen.

Zubereitungszeit 15–20 Minuten

Tipp Die indirekte Hitze muss so stark sein, dass der Käse schnell bräunt und die Melone nicht matschig wird.
Melone lässt sich auch pur hervorragend grillen. Entweder als ganze, geschälte 3 Zentimeter dicke Scheibe oder in Teilstücken davon; maximal 2 Minuten von jeder Seite über direkter und kräftiger Hitze.

Nutellawraps mit Früchten

Zubereitung

Sirup und Limettensaft vollständig verrühren.

Kiwis schälen. Papaya schälen und mit einem Teelöffel die Kerne herausschaben. Das Fruchtfleisch von Kiwis und Papaya in dicke Scheiben schneiden. Die Fruchtscheiben von beiden Seiten kurz und kräftig angrillen, dass sich deutliche Spuren des Rostes zeigen.

Wraps auslegen und vollflächig, aber dünn mit Nutella bestreichen. Früchte in längliche Streifen schneiden und auf der Nusscreme auslegen. Wrap nicht zu straff wickeln und die Enden mit Zahnstochern fixieren. Die Röllchen allseitig mit dem Limettensirup bestreichen, so dass er in den Teig einziehen kann.

Indirekt – oder bei schwacher Hitze auch direkt – 4 bis 6 Minuten grillen, bis die Wraps leicht gebräunt sind.

Zubereitungszeit 20–25 Minuten

Zutaten für 4 Personen

2 EL Ahornsirup
2 EL Limettensaft
2 Kiwis
1 Papaya
4 Tortillawraps
6 EL Nutella
Außerdem: Zahnstocher, Backpinsel

Info Geboren wurde dieses Rezept in einer Pizzeria von Madonna di Campiglio, wo am Nachbartisch eine Nutella-Smarties-Pizza bestellt wurde.

Tipp Bei dieser Zubereitung werden säuerliche Früchte verwendet. Natürlich kann man für dieses Gericht alle nur denkbaren Früchte verwenden. Nicht alle lassen sich jedoch vorher so leicht angrillen. Zudem besitzen die Früchte sehr unterschiedliche Zucker- und Säuregrade, was man bei der Dosierung des Sirups beachten sollte.

Sehr schön dazu passt natürlich eine Kugel Eis.

Baiserfrüchte in der Ananashälfte

Zutaten für 4 Personen

2 Ananasfrüchte
100 g Blaubeeren
4 Eiweiße
1 EL Puderzucker
20 frische Himbeeren

Zubereitung

Von beiden Ananasfrüchten den Blattansatz nach Wunsch abdrehen. Die Früchte längs halbieren und großflächig, aber nicht allzu tief aushöhlen. Die Blaubeeren waschen und mit Küchenkrepp trockentupfen.

Das Eiweiß zu steifem Schnee schlagen, dabei nach und nach den Puderzucker dazugeben. Die Blaubeeren unter den Eischnee heben.

Die Eiweißmasse bis etwas über den Rand in die Ananashälften füllen. Himbeeren waschen und trockentupfen. Je 5 Himbeeren leicht in den Eischnee drücken.

Bei geschlossenem Deckel und milder Hitze 5 bis 7 Minuten direkt grillen.

Zubereitungszeit 15–20 Minuten

Tipp Vorsicht: Die Gäste werden dieses Dessert öfter haben wollen!

Feigen mit Schafskäse

Zutaten für 4 Personen

2 EL Ahornsirup
2 EL Limettensaft
200 g Mascarpone
20 Blätter Minze
8 Feigen (groß, reif, frisch)
70 g Schafskäse

Zubereitung

Sirup und Limettensaft gut verrühren und unter den Mascarpone ziehen. Die Minzeblätter waschen, trockenschwenken und sehr fein hacken.

Feigen bis zum Blütenansatz kreuzförmig in Viertel oder Achtel aufschneiden und vorsichtig aufspreizen. Minze auf die Schnittflächen der Früchte streuen. Schafskäse in hauchdünne Scheiben schneiden und über die Schnittflächen legen.

Indirekt bei geschlossenem Deckel – oder bei milder Hitze auch direkt – ca. 5 Minuten grillen.

Die heißen Feigen mit je einem Klecks Limetten-Mascarpone servieren.

Zubereitungszeit 20–25 Minuten

Tipp Die Komposition aus drei verschiedenen Geschmacksrichtungen macht dieses Dessert sehr spannend!

Bratapfel (nicht von Oma)

Zutaten für 4 Personen

4 Blätter Minze
4 EL Calvados
2 EL Limettensaft
1 EL Honig
1/2 TL gemahlener Zimt
2 EL rote Johannisbeeren
2 EL Rosinen
2 TL fein gehackte Mandelsplitter
4 Äpfel (Boskop)

Zubereitung

Die Minze in einem Mörser sehr fein zerstoßen. Calvados, Limettensaft, Honig und Zimt gut miteinander verrühren. Johannisbeeren, Rosinen, Mandeln und Minze darin über Nacht ziehen lassen.

Stiel, Kerngehäuse und Blütenansatz der Äpfel mit einem Ausstecher entfernen, so dass eine zylindrische Öffnung entsteht. Den Blütenansatz sehr kurz abschneiden und als Pfropfen wieder in die untere Öffnung stecken.

Die Füllung mit dem Rest der Marinade in die Äpfel geben. Die gefüllten Äpfel auf den Grill setzen und bei geschlossenem Deckel 25 bis 30 Minuten indirekt grillen.

Zubereitungszeit 20–25 Minuten plus Garzeit
Marinierzeit 8 Stunden

Tipp Dazu eine Portion Sahne, die man durchaus noch mit Mascarpone und etwas geriebener Limettenschale verfeinern kann.
Bei direkter Grillmethode die Äpfel in Alufolie wickeln und nur eine schwache Glut verwenden.
Wer gern mehr von der Füllung haben möchte, schneidet alternativ die Oberseite des Apfels ab, höhlt den Apfel so groß aus, wie er mag und füllt mehr von der Füllung ein.

Baconbanane mit Minze

Zutaten für 4 Personen

2 Bananen
4 Scheiben Bacon (fest in der Struktur, aber möglichst dünn geschnitten)
8 Blätter Minze
3 EL Honig
1 EL Limettensaft
gemahlener Zimt nach Wunsch
Außerdem: Zahnstocher

Zubereitung

Bananen schälen und in Röllchen schneiden, die so lang sind, wie der Bacon breit ist. Bacon um die Bananenstücke wickeln und die Enden mit einem Zahnstocher fixieren.

Die Minze in einem Mörser fein zerreiben. Mit Honig und Limettensaft – und wer mag auch mit einer kleinen Prise Zimt – verrühren. Die Baconbanane darin kurz baden und abtropfen lassen.

Indirekt oder auch direkt grillen, bis der Bacon knusprig ist.

Zubereitungszeit 15-20 Minuten

Tipp Als Beilage passt sehr schön ein Stück Wassermelone mit einem Minzeblatt.

Wer mag, kann den Bacon zusätzlich auch dünn mit Frischkäse oder Weißkäse bestreichen.

Pure Leidenschaft

Wer reist denn mit einem 40-Tonner 2 000 Kilometer durch Europa, nur um an einer Grillmeisterschaft teilzunehmen?

Werner zum Beispiel, ein Schweizer, der seit 25 Jahren in Spanien lebt. Er kam im Sommer 2008 zur »Berlin-Barbeque« mit zehn Mann und einem ganzen Laster voll Grills, Dekoration, Musik und guter Laune. Steve, aus Norwegen, kam auch nach Berlin, mit einem Laster, einem Grillanhänger und 15 Freunden. Daniel aus Belgien kommt stets mit seinem 40-Tonner, und immer ist die Vespa im Gepäck, mit der die Gerichte zur Jury gefahren werden; auf dem Lenker der Enkel.

Griller sind ein verrücktes Völkchen. Sie nehmen die größten Strapazen auf sich, um regelmäßig an den internationalen Wettkämpfen teilzunehmen.

Zur WM 2006 kam das Team aus Litauen spät in der Nacht mit einer Bus- und LKW-Flotte an. Noch vor dem Bezug der Zimmer war der Hotelvorplatz mit Grills und Feuerstellen übersät, und die Party dauerte bis in die Morgenstunden.

Die Meisterschaft 2008 in Klagenfurt wollten wir eigentlich als Urlauber und Juroren erleben. Michael Hoffmann, ein Spitzengriller aus Köln, ging es genauso. Weil ein geplantes Team jedoch nicht anreisen konnte, haben wir spontan am Wettbewerb teilgenommen, und sind sogar Vizemeister geworden.

Bei internationalen Meisterschaften geht es natürlich um Ehrgeiz, Pokale und Titel. Aber es geht auch um Spaß und darum, die Freunde aus aller Welt zu treffen. Man hilft sich gegenseitig, und Neidereien sind fremd.

Das Reglement bei Grillmeisterschaften

Das Reglement nationaler und internationaler Meisterschaften ist meist an die Regeln des Weltverbandes angelehnt. Im Stundentakt müssen die Teams fünf Gerichte herstellen, deren Hauptbestandteil (Fisch, Rind, Ribs etc.) der Veranstalter mit der Ausschreibung vorgibt. Wie diese Grobvorgabe umgesetzt wird, ist Sache der Teams. Wichtigste Vorgabe: Hauptbestandteil und Beilagen müssen auf Grillgeräten vor Ort hergestellt werden. Serviert werden pro Gang meist zehn Teller. Sechs Teller davon werden bewertet: Zwei Juroren werten direkt beim Team, vier Juroren bekommen ihr Gericht in einem separaten Raum ohne Wissen der Herkunft. Die restlichen vier Portionen sind für Gäste gedacht. Es gibt sieben Kriterien, für die jeweils zehn Punkte zur Verfügung stehen.

Juror internationaler Wettbewerbe kann werden, wer einen Wochenendlehrgang des Weltverbandes absolviert hat; bei nationalen Meisterschaften findet die Schulung zumeist vor Ort statt.

Wer als Juror tätig ist, bekommt Einblick in eine Barbecuegastronomie der Spitzenklasse mit Kreationen, die man wahrscheinlich vorher noch nie gesehen und gegessen hat.

Register

Sachregister

Impressum

Impressum

© 2009 by Südwest Verlag, einem Unternehmen der Verlagsgruppe Random House GmbH, 81637 München

Danksagung

Erfolg hat meist nur ein Gesicht. Dahinter stehen aber oft viele, die geholfen oder aber verzichtet haben. All denen sei an dieser Stelle gedankt. Herzlichen Dank an meine tollen Kinder, die vor allem im Sommer sehr oft auf ihren Papa verzichten müssen, für ihr Verständnis. Danke Martina, dass du immer und bedingungslos an meiner Seite stehst! Ohne dich wäre vieles nicht gegangen! Dank an: meine Eltern für ihre Liebe und das kleine Rhetorik-Gen, meinen Freund Stefan, der mir schon so oft geholfen hat und der stets ohne Wenn und Aber zu mir hält, Hans-Joachim Fuchs – ruhe in Frieden mein Freund –, die vielen Freunde aus der internationalen Grillgemeinde sowie an Eva Wagner, die das Entstehen dieses Buches initiiert und mit viel Engagement, Herzblut und Geduld begleitet hat.

Hinweis

Die Ratschläge in diesem Buch sind von Autor und Verlag sorgfältig erwogen und geprüft, dennoch kann eine Garantie nicht übernommen werden. Eine Haftung des Autors bzw. des Verlags und seiner Beauftragten für Personen-, Sach- und Vermögensschäden ist ausgeschlossen.

Bildnachweis

Fotografie: Michael Holz, Hamburg
Foodstyling: Stevan Paul
Requisitenstyling: Christine Mähler
Coverfoto: Gettyimages/Gorilla Creative Images/ Harri Tahvanainen
Balkenmotiv (glühende Kohlen): iStockphoto/ Mohammad Danish Khan

Redaktionsleitung Susanne Kirstein
Projektleitung Eva Wagner
Layout, DTP, Gesamtproducing
v*büro – Jan-Dirk Hansen, München
Redaktion Dr. Ute Paul-Prößler
Korrektorat Susanne Langer, Traunstein

Bildredaktion Tanja Nerger
Umschlaggestaltung
R.M.E. Eschlbeck/Kreuzer/Botzenhardt
Litho Artilitho, Lavis (Trento)
Druck und Verarbeitung L.E.G.O. s.p.A., Marano

Printed in Italy

Verlagsgruppe Random House
FSC-DEU-0100
Das für dieses Buch verwendete FSC-zertifizierte Papier *Respecta satin* wurde produziert von Burgo Sora und geliefert durch Berberich

ISBN 978-3-517-08507-4
9817 2635 4453 6271